MANTERO DE SUIRAMAY

MONACO

DE 1909 A 1915

NICE

IMPRIMERIE LÉO BARMA

1916

MANTERO DE SUIRAMAY

MONACO

DE 1909 A 1915

MANTERO DE SUIRAMAY

MONACO

DE 1909 A 1915

IMPRIMERIE-LIBRAIRIE-PAPETERIE

==== Léo BARMA ====

NICE - 4, BOUL. MAC-MAHON, 4 - NICE

==== ATELIERS : 23, RUE SMOLETT ====

PRÉFACE

Il n'est certainement pas de pays au mon-
de, auquel, comparativement à l'exiguïté de
son territoire et de sa population, on ait édité
autant de livres qu'à la Principauté de Mona-
co, livres aux éloges le plus souvent excessifs,
et, parfois, aux plus virulentes apostrophes.

L'usage en effet est assez courant , du
moins pour certaines plumes, d'encenser les
grands de la terre afin d'en tirer profits et
honneurs, ou de s'en prendre aux puissances
de l'or pour essayer de leur arracher une par-
celle du précieux métal par lequel s'achète si
bien toute conscience facile et s'obtient aus-
sitôt le silence.

Monaco de 1909 à 1915 fait exception à
une règle devenue presque générale. L'auteur
ne s'est constitué le panégyriste de personne et
la critique chère à Zoïle n'a pour lui aucun
charme. Il ne s'attarde donc pas plus à célé-
brer les gloires de la lignée illustre des Gri-

maldi qu'il ne se livre à la moindre diatribe contre telle ou telle autre personnalité politique en vue, ou dont le nom brille d'un vif éclat au firmament des affaires. Et, par ces temps de platitudes et de bassesses, c'est déjà là un des plus beaux éloges que l'on puisse faire d'un écrivain.

Mais ce livre présente d'autres attraits encore. Les événements qui se déroulèrent dans la Principauté au cours d'une période assez longue sont relatés — chose toujours agréable au lecteur — d'un trait rapide. Aucune omission pourtant. Au contraire, chaque page dénote un souci évident d'exactitude chronologique et de vérité rigoureuse.

On sent bien que l'auteur a suivi de très près les différentes péripéties de ce qu'il définit avec beaucoup de justesse et d'à-propos, non pas un drame, mais une comédie. En un mot, il a su voir, comprendre et placer sous leur véritable jour les nombreux incidents de cette « agitation monégasque », à laquelle la presse consacra maints articles.

Sa manière est généralement objective,

point de phrases creuses, aucune remarque i-
nutile, jamais d'exagérations. Aussi le style
n'est-il point recherché. Et si une pointe légèrement sarcastique vient parfois s'ajouter à
l'appréciation des faits, il est bon de se rappeler que c'est en riant que l'on corrige les
mœurs.

L'ouvrage de M. Mantero de Suiramay sera
lu avec plaisir par le public, d'ailleurs nombreux, qu'intéressent les choses de Monaco.
Les pages qui le composent ressemblent à une
collection de notes frappées au coin de la vérité, mais contenant tout juste ce qu'il faut de
preuves documentaires pour que le lecteur
n'éprouve aucune lassitude en le parcourant.

R. M.

AVANT-PROPOS

Une seule pensée m'a guidé en écrivant ces pages : relater aussi simplement que possible, en les commentant avec la plus grande impartialité, les événements qui ont eu la Principauté pour théâtre au cours de ces dernières années.

Un petit vent de folie s'est abattu naguère sur Monaco. Si légèrement que ce soit, le pays ressent peut-être encore la pénible impression laissée par un mauvais rêve. Et si le calme est revenu insensiblement, il ne régnera d'une manière absolue que lorsque seront dissipées toutes les craintes amplement justifiées par une agitation d'autant plus inattendue qu'elle fut et qu'elle demeure inexplicable.

C'est uniquement cette période troublée qui se trouve retracée dans cet ouvrage, dont la publication a été intentionnellement retardée, mais qui paraît bien à son heure.

Ne fallait-il pas attendre qu'il plût aux a-
gitateurs de mettre un terme aux incidents
nombreux, sans cesse renouvelés, d'une inimaginable variété, qui marquèrent la malsaine fermentation soi-disant politique et si gro-
tesquement qualifiée de « Mouvement monégasque ? »

Peut-être bien, sans la guerre actuelle qui
impose à tous silence et recueillement, les pêcheurs en eau trouble s'efforceraient-ils encore de fomenter la discorde. Le moment est
donc venu pour le lecteur, de les suivre dans
les étapes par eux successivement parcou-
rues, s'il veut apprécier à leur juste valeur les
exploits auxquels ils se livrèrent avec autant
d'ostentation que de ridicule.

Et la population de la Principauté, monégasque ou étrangère, maintenant avertie, ne
tolérera certainement pas, désormais, que
dans un avenir plus ou moins rapproché pareille bouffonnerie puisse jamais recommencer.

M. DE SUIRAMAY.

Vingt ans avant

Avant d'entrer dans le vif du sujet, il n'est peut-être pas inutile de consacrer quelques brèves lignes au geste légèrement mutin ébauché en 1895, par un tout petit nombre de mécontents.

La pièce grotesque qui se joue à Monaco depuis ces six dernières années, si emphatiquement désignée par le titre de MOUVEMENT MONÉGASQUE, et à laquelle les premiers rôles ajouteraient volontiers un nouvel et dernier acte, aurait eu pour lever le rideau, au dire de ces singuliers comédiens, précisément la protestation en miniature d'il y a vingt ans.

En réalité on ne saurait trouver la moindre connexité entre la plus anodine des manifestations, déjà très ancienne, et la récente entreprise de bouleversement projetée par une poignée d'audacieux aventuriers.

Quand le destin, admirablement secondé par la clairvoyante sagesse de Charles III et par la géniale perspicacité de M. François Blanc, si justement dénommé la « mascotte monégasque », fixa définitivement le sort du plus merveilleux coin de terre, de toutes parts affluèrent vers cet Eldorado soudainement découvert, un nombre considérable de commerçants et d'industriels, ainsi qu'une véritable armée de jeunes gens animés du légitime désir d'occuper des emplois bien rémunérés.

Pris pour ainsi dire à l'improviste par un essor aussi inattendu que vertigineux, les Monégasques, qui par la suite devaient si largement profiter de l'aubaine, se trouvèrent d'abord quelque peu déconcertés. Le temps leur avait manqué pour se préparer à lutter à armes égales contre les concurrents qui devaient nécessairement être préférés par les employeurs. Les meilleures places ne leur furent pas dévolues ;

et, certes, il faut bien le dire, au point
de vue des connaissances générales, et
de l'instruction élémentaire même, ils
se trouvaient dans un état d'infériorité
manifeste. Ils ne pouvaient raisonnablement l'emporter sur les nouveaux venus.

Mais enfin ils étaient enfants du
pays et, si fou qu'il soit de prétendre
être l'élu pour l'unique raison qu'on a
vu le jour dans les murs de telle ou telle autre cité, fût-ce dans ceux très vé-
nérables de Monaco, comme tels ils
avaient bien quelque droit à appeler sur
eux l'attention des pouvoirs publics.

Ils se réunirent donc quelques-uns,
afin d'exprimer leurs doléances au Gouvernement. Une délégation fut même
expédiée auprès de S. A. S. le Prince
Albert au château de Marchais. En définitive les vœux du petit groupe de
1895 ne dépassaient pas les limites con-
senties par la loi. Ils se résumaient en
une modeste demande de plus grande

participation de l'élément autochtone aux divers emplois.

Le Gouvernement princier ne pouvait pourtant se faire à l'idée qu'il pût y avoir des mécontents dans cette Principauté devenue du jour au lendemain, comme par un coup de baguette magique, si prospère, si riche, si heureuse. N'avait-il pas, d'ailleurs, amélioré dans la plus large mesure possible la situation de chaque Monégasque ? N'avait-il pas aussi, suivant leurs capacités et leurs aptitudes, admis les Monégasques dans les administrations publiques? Pouvait-il, au mépris du droit des gens, imposer aux Sociétés privées, des personnes n'ayant pour seul titre que celui d'avoir vu le jour sur le rocher de Monaco ou sur le plateau des Spélugues ?

Le bon sens se charge de répondre.

Il faut toutefois reconnaître que, passant bienveillamment par-dessus le proverbe « Cordonnier, pas plus haut

que la chaussure ! » le Gouvernement
ne s'est jamais fait faute, alors comme
aujourd'hui, de recommander plus d'un
Monégasque à la principale administration privée du pays, la Société des
Bains de Mer de Monaco, laquelle agréa
presque toujours et avec non moins de
bienveillance, la recommandation.

En résumé les postulants de 1895, si
peu nombreux et surtout si peu bruyants,
ne demandaient que plus de bien-être.
Ils avaient le seul tort, pour la plupart,
de se mettre au-dessus de leurs propres
mérites.

Mais les agités qui voudraient faire
accroire que cette petite manifestation
fut la première étape du MOUVE-
MENT MONÉGASQUE confondent
volòntairement les vessies avec les lan-
ternes. Entre ceux que la politique n'in-
téressa en aucune façon, qui ne songè-
rent jamais à démolir les institutions, et
ceux qui se livrent à la plus ridicule et
dangereuse aventure, il y a un abîme.

L'Indépendance
de Monaco

Il n'est peut-être pas inutile de rappeler brièvement ici que, dès l'annexion du Comté de Nice à la France, le Gouvernement Impérial avait reconnu, sinon en termes formels du moins implicitement, l'indépendance de la Principauté.

Napoléon III n'avait pas jugé à propos de remplacer par une garnison française les troupes sardes qui, à la suite du traité de Villafranca, devaient évacuer le territoire monégasque. Au surplus, le prince régnant de Monaco conservait toutes les prérogatives, tous les attributs inhérents à la souveraineté, tels que ceux, pour ne citer que les principaux, relatifs à l'administration de la justice et au droit de frapper de la monnaie, et ce, en vertu des traités franco-monégasques de 1861 et de 1865.

De son côté, le Gouvernement de la République suivit l'exemple du pouvoir déchu le 4 septembre 1870. De sorte que, sauf quelques modifications d'ordre secondaire, le traité de 1865 servit de base aux relations entre les deux pays jusqu'en 1914.

Le traité actuellement en vigueur confirme explicitement l'indépendance de Monaco.

LA CONVENTION FRANCO-MONÉGASQUE

Voici le nouveau traité qui régit les rapports de la Principauté avec la République Française :

ARTICLE PREMIER

Une Convention et deux Déclarations annexes destinées à remplacer la Convention du 9 Novembre 1865, l'Acte additionnel du 10 Mars 1899 et à établir sur de nouvelles bases l'Union douanière et les rapports de voisinage entre la Principauté de Monaco et la France, ayant été signées à Paris le 10 Avril 1912, entre Notre Plénipotentiaire et celui de Son Excellence le Président de la République Française et les ratifications de ces actes ayant été échangées à Paris le 6 Avril 1914, lesdites Conventions et Déclarations, dont la teneur suit, recevront leur pleine et entière exécution :

CONVENTION

Son Altesse Sérénissime le Prince de Monaco et le Président de la République Française, ayant reconnu la nécessité d'établir sur de nouvelles bases les relations entre la Principauté de Monaco et la France, qui étaient régies jusqu'ici par la Convention du 9 Novembre 1865 et par l'Arrangement additionnel du 10 Mars 1899, ont résolu de conclure, à cet effet, une Convention et ont nommé pour leurs Plénipotentiaires, savoir :

Son Altesse Sérénissime le Prince de Monaco :

M. le Comte Balny d'Avricourt, Son Envoyé Extraordinaire et Ministre Plénipotentiaire près le Président de la République Française,

Et le Président de la République Française :

M. Raymond Poincaré, Sénateur, Président du Conseil, Ministre des Affaires Étrangères, lesquels, dûment autorisés à cet effet, sont convenus des dispositions suivantes :

Article Premier. — Il n'y aura dans la Principauté qu'une seule ligne de douane. Établie du côté de la mer, elle ne sera qu'une section de la ligne de douane française existant sur le littoral de la Méditerranée.

Art. 2. — Les droits des Tarifs français à l'entrée et à la sortie, les droits de navigation tels que les définit la loi française, les taxes de plombage et d'estampillage, les droits sur les sucres seront appliqués dans le territoire de la Principauté selon les Lois et Règlements en vigueur en France.

La Police des ports de la Principauté continuera à appartenir au Gouvernement de Son

Altesse Sérénissime, qui l'exercera par l'intermédiaire du Directeur du port. Cet Officier ne pourra percevoir, à ce titre, que les droits étrangers aux taxes de douane et de navigation et de police sanitaire.

Art. 3. — Les Règlements et Tarifs français relatifs à la Police sanitaire seront appliqués dans la Principauté. Les Receveurs des Douanes françaises en service dans la Principauté, spécialement habilités d'ores et déjà à cet effet par le Gouvernement de Son Altesse Sérénissime, percevront les taxes de Police sanitaire maritime. Le montant net de ces taxes continuera d'appartenir au Trésor Princier.

Art. 4. — Les navires français acquitteront dans les ports de la Principauté les mêmes droits que ceux auxquels ils seraient soumis dans les ports français et, réciproquement, les navires monégasques jouiront, dans les ports français, du même traitement que les navires français.

La nationalité monégasque d'un navire se déterminera d'après les règles inscrites dans l'Acte français de navigation du 21 Septembre 1793 et dans les lois françaises subséquentes relatives à la propriété des navires et à la composition des équipages. Ces règles ne sont applicables ni aux navires portant pavillon du Prince, ni aux navires régulièrement autorisés à porter pavillon monégasque à la date du 1er Janvier 1912, ni aux bateaux de plaisance, ni aux bateaux de pêche qui ne comptent pas un équipage de plus de cinq hommes et vendent le produit de leur pêche à Monaco.

Le temps de navigation des inscrits maritimes français sur les navires monégasques leur sera compté pour la retraite.

Les permis de navigation et certificats de visite des navires, délivrés par l'Autorité monégasque, seront valables au même titre que les permis et certificats délivrés par l'Autotorité française en exécution de la loi du 17 Avril 1907.

Art. 5. — Le sel et ses dérivés seront soumis, dans la Principauté, aux droits d'entrée fixés par les Tarifs français et la perception s'en effectuera pour le compte et par les agents de la France. Le Prince s'engage à prohiber sur son territoire la fabrication du sel et de ses dérivés, à y faire appliquer les lois et règlements en vigueur en France quant au transport, à la circulation, à la vente et à la consommation de ces denrées.

Art. 6. — Le Gouvernement Princier s'engage à prendre dans les Manufactures et Entrepôts de Nice toutes les espèces de tabacs nécessaires à la consommation de la Principauté. Lesdits tabacs seront fournis aux agents de Son Altesse Sérénissime à des tarifs se rapprochant autant que possible des prix de revient et qui seront, dans un but de simplification, fixés aux taux suivants :

Tabacs de luxe : prix de vente au consommateur de France diminué de 40 p. o/o ;

Cigarettes de vente courante : prix de vente au consommateur de France diminué de 70 p. o/o ;

Autres produits de vente courante et de vente restreinte : prix de vente au consommateur de France diminué de 80 p. o/o ;

Lesdits tabacs seront vendus, sous la surveillance des autorités locales, selon les tarifs en vigueur en France.

Art. 7. — Les poudres de guerre, de chasse et de mine, ainsi que les cartes à jouer, dont la fabrication est interdite dans la Principauté, seront fournies aux agents monégasques par l'Administration française aux mêmes conditions que les tabacs, pour être vendues dans la Principauté selon les règlements et tarifs en vigueur en France.

Sont maintenues les dispositions contenues dans le Protocole du 24 Juin et l'Ordonnance du 12 Décembre 1891, concernant la fabrication et la vente des allumettes dans la Principauté.

Art. 8. — Les lois et règlements spéciaux qui régissent en France l'importation, l'exportation et la circulation des armes de guerre seront applicables dans la Principauté.

Art. 9. — La perception des droits de douane et de statistique, des droits de navigation, des droits sur le sel et sur les sucres, des taxes de plombage et d'estampillage, s'effectuera pour le compte de la France par les soins de l'Administration française.

Art. 10. — En compensation des droits de douane et de statistique, des droits de navigation, des droits sur le sel et sur les sucres, des taxes de plombage et d'estampillage, qu'il percevra en vertu de l'article précédent, le Gouvernement de la République payera au Trésor Princier une indemnité annuelle fixée à la somme de 400.000 francs payable à Monaco, à trimestre échu et par termes égaux de 100.000 francs.

L'indemnité sera élevée d'une somme de 20.000 francs pour chaque augmentation de mille habitants par rapport à la population constatée par le recensement de 1908.

Ce recensement aura lieu tous les cinq ans au 1ᵉʳ Janvier.

Art. 11. — Tous les employés et agents de la Douane dans la Principauté devront être sujets français et seront nommés par le Gouvernement de la République.

Art. 12. — Tous les employés et agents de la Douane française dans la Principauté se-

ront soumis à la juridiction des Tribunaux
français par rapport aux crimes et délits dont
ils pourraient se rendre coupables dans
l'exercice de leurs fonctions. Dans ce cas,
l'instruction sera dirigée par un Juge français,
mais les constatations, les descentes de lieux
et toutes les opérations de l'instruction seront accomplies sur le territoire de la Principauté par un Juge du Tribunal de Monaco
en vertu d'une Commission rogatoire du juge
français préalablement visée par un membre
du Ministère Public. Toutefois, les autorités
de la Principauté pourront, s'il y a lieu, procéder, en cas de flagrant délit, à l'arrestation
du prévenu ainsi qu'à la constatation d'un crime ou d'un délit. Les employés et agents de la
Douane française seront justiciables des Tribunaux de la Principauté pour les crimes ou
délits commis en dehors de l'exercice de leurs
fonctions.

Art. 13. — Les infractions aux lois et règlements applicables dans la Principauté par
suite de l'Union douanière seront poursuivies
à la requête des agents de l'Administration

française compétente en résidence dans le ressort du Tribunal de Nice, où seront également affirmés et enregistrés les procès-verbaux.

Les employés et agents de la Douane française pourront requérir des Autorités monégasques l'arrestation des prévenus de contrebande et la recherche par le Ministère public de Monaco des individus intéressés à des fra·des ou complices de celles-ci.

La présente disposition ne fait pas obstacle à la poursuite d'office des délits par les Autorités monégasques.

Les citations à comparaître devant les Tribunaux français compétents dans les cas prévus par le présent article et par l'article précédent seront données à la requête de l'Autorité française, mais elles seront signifiées par les huissiers ou agents de la Principauté après avoir reçu le visa prescrit dans l'article 12. Les Tribunaux français pourront punir des peines portées par la loi française les témoins ainsi assignés qui n'auront pas comparu soit devant les Juges d'instruction, soit devant les Tribunaux français.

Les jugements rendus dans les divers cas. qui précèdent seront exécutoires dans la Principauté sur la réquisition revêtue du visa susmentionné et adressée par l'Autorité française compétente aux agents d'exécution de la Principauté. L'emprisonnement prononcé par les Tribunaux français sera subi en France.

Art. 14. — Les bureaux de Postes et de Télégraphes, les câbles sous-marins dont le fonctionnement est ou sera reconnu nécessaire par les deux Gouvernements, sont établis par le Gouvernement français, qui nomme le personnel chargé de l'exécution du service.

Ce personnel doit être préalablement agréé par le Prince, qui se réserve la faculté d'en réclamer le renvoi et le remplacement s'il le juge utile.

Le personnel employé dans les bureaux de Postes et Télégraphes de la Principauté est considéré comme un personnel mixte; les receveurs et chefs de service correspondent avec l'Administration française, en reçoivent les ordres pour le Service général et se conforment aux instructions des Autorités monégasques pour ce qui concerne le Service intérieur de la Principauté.

Les lois, règlements et tarifs de toute nature en vigueur dans le Service français seront applicables dans la Principauté.

Le produit des recettes postales et télégraphiques des bureaux de la Principauté, déduction faite des parts de taxes télégraphiques ou des frais de transit postaux à verser aux Offices étrangers sera affecté d'abord au payement de toutes les dépenses de loyer, d'installation technique et d'exploitation de ces bureaux, y compris les indemnités de toute nature à payer aux tiers. En cas d'insuffisance de ces recettes, le Gouvernement Princier prendra la différence à sa charge ; en cas d'excédent des recettes sur les dépenses, le surplus sera partagé entre les deux Gouvernements dans la proportion des deux tiers pour la Principauté et d'un tiers pour la France.

Les taxes afférentes à la correspondance téléphonique échangée entre la France et la Principauté de Monaco seront réparties entre les deux pays, déduction faite des parts de taxe à verser aux Offices étrangers, sur la base uniforme de trois quarts pour la France et un quart pour la Principauté, avec minimum pour celle-ci de 0 fr. 10 par unité de conversation.

Les taxes d'abonnement versées par les abonnés au réseau téléphonique de Monaco domiciliés en France, ainsi que les taxes de conversations locales échangées avec les cabines des bureaux de Postes et de Télégraphes, seront partagées à raison d'un quart pour la France et de trois quarts pour la Principauté.

Les dépenses afférentes à la première installation et à l'entretien des lignes téléphoniques et télégraphiques franco-monégasques sont à la charge de la Principauté en ce qui concerne les sections de ces lignes établies sur son territoire.

Le Gouvernement français jouit de la franchise postale dans les bureaux de la Principauté pour ceux de ses représentants, fonctionnaires ou agents qui ont droit à cette franchise sur le territoire français.

Le Prince et le Ministre d'Etat de la Principauté jouissent de la franchise postale dans les bureaux de France et de Monaco.

Le Gouvernement français jouit de la franchise télégraphique. dans les bureaux monégasques de la même manière qu'il en jouit sur son propre territoire.

Le Prince et le Ministre d'Etat de la Principauté ont la franchise pour leurs communications télégraphiques des bureaux monégasques à un bureau quelconque français et réciproquement.

Le Représentant du Prince auprès du Gouvernement français aura droit à la franchise postale et télégraphique pour ses correspondances avec le Prince et le Ministre d'Etat.

Dans le cas où le Gouvernement Princier désirerait installer et faire fonctionner les stations radiotélégraphiques sur son territoire, un accord devrait être établi à ce sujet avec le Gouvernement français. Le fonctionnement en serait assuré par un personnel français.

Ces dispositions sont applicables dans les

cas où il s'agirait d'installations à établir par des particuliers sur le territoire de la Principauté.

Art. 15. — Le Gouvernement Princier s'engage pour la frappe des monnaies monégasques, à recourir exclusivement à l'Hôtel des Monnaies de Paris, et les monnaies ainsi frappées devront être, quant au module, au titre et à la valeur, identiques aux monnaies françaises.

Art. 16. — La Convention d'extradition conclue à Paris, le 8 Juillet 1876, entre la France et la Principauté de Monaco, est confirmée.

La Police française aura le droit de poursuivre, en cas de flagrant délit, sur le territoire monégasque, les malfaiteurs qui s'y échapperaient de France.

Le même droit appartiendra à la Police monégasque sur le territoire des communes françaises limitrophes.

Les individus arrêtés en vertu des dispositions qui précèdent seront remis aux Autorités du territoire sur lequel ils auront été arrêtés.

En cas d'incendie, les pompiers de la Principauté et des communes voisines sont autorisés à franchir la frontière et à se rendre sans délai sur le lieu du sinistre.

Le Gouvernement français se réserve le droit de faire, en temps de paix, traverser par ses troupes le territoire de la Principauté, à charge d'entente préalable avec le Gouvernement du Prince.

Art. 17. — Le Gouvernement Princier s'engage à assurer le bon entretien des voies qui prolongent sur le territoire monégasque les voies ouvertes, en territoire français, à la circulation publique, et particulièrement les routes nationales qui aboutissent à la Principauté.

Il s'engage, en outre, à assurer sur le territoire de la Principauté la sécurité des voies ferrées et des lignes télégraphiques et téléphoniques.

Art. 18. — Il ne pourra être accordé aux

industries établies dans la Principauté, qui produisent ou fabriquent pour le marché intérieur ou pour l'exportation, aucun avantage quelconque, sous forme de prime ou autre, sur les industries similaires françaises.

Le Gouvernement Princier déclare sa résolution de prendre toutes les dispositions nécessaires pour prévenir et réprimer les fraudes préjudiciables au Trésor ou au Commerce français, tant sur les objets de consommation que sur toutes autres marchandises, et notamment sur les objets en métaux précieux.

En ce qui concerne les taxes fiscales qui seraient établies à cet effet, réserve est faite des engagements pris et des droits acquis.

Le Gouvernement Princier établira, sans délai, sur les alcools, absinthes et similaires, apéritifs, vermouths et vins de liqueur, des droits de consommation intérieure équivalents aux droits acquittés en France au profit du Trésor.

Il s'engage, enfin, à établir, sur l'importation et la vente du phosphore et de la saccharine, des restrictions analogues à celles qui sont en vigueur en France.

Art. 19. — Les indigents atteints d'aliénation mentale, de quelque nationalité qu'ils soient, se trouvant sur le territoire monégasque, pourront être reçus et traités dans les asiles publics français à la demande et aux frais du Gouvernement monégasque. Toutefois, lorsque l'aliéné sera Français, les frais seront supportés par la collectivité française compétente, à partir du moment où la nationalité française de l'aliéné aura été reconnue par le Gouvernement de la République, sur demande qui lui sera adressée par la voie diplomatique par le Gouvernement monégasque.

Si l'aliéné appartient à une nation tierce, le Gouvernement français pourra prêter au Gouvernement monégasque ses bons offices, en vue du rapatriement de l'indigent aliéné dans son pays d'origine.

Les indigents monégasques atteints en France d'aliénation mentale seront, de même que les nationaux, reçus et traités gratuitement dans les asiles publics français jusqu'au moment où le Gouvernement monégasque, sur une demande qui lui sera adressée par la voie diplomatique par le Gouvernement français, aura reconnu la nationalité monégasque de l'aliéné. A partir de ce moment, les frais occasionnés par l'aliéné seront remboursés par le Gouvernement monégasque au Gouvernement français.

Il appartiendra aux autorités françaises, conformément aux lois et règlements en vigueur en France, de se prononcer sur le maintien ou la mise en liberté des indigents aliénés entretenus dans les asiles français aux frais du Gouvernement monégasque. Toutefois, il sera préalablement donné avis au Gouvernement Princier des décisions de la mise en liberté de ces aliénés.

Art. 20. — Son Altesse Sérénissime le Prince de Monaco s'engage à interdire tout séjour sur son territoire aux déserteurs de l'armée française. Le séjour dans les départements des Alpes-Maritimes, du Var et des Basses-Alpes sera interdit aux déserteurs de la Principauté qui ne sont pas de nationalité française.

Art. 21. — Aucun individu non Monégasque, expulsé ou banni du territoire de la République Française, et dont l'expulsion ou la condamnation sera notifiée au Gouvernement du Prince, ne sera admis à résider dans la Principauté. Le séjour dans le département des Alpes-Maritimes, du Var et des Basses-Alpes, sera, sur la demande du Gouvernement Princier, interdit à tout individu non Français expulsé ou banni de la Principauté.

Totalité ou partie du périmètre desdits départements sera également interdite, sur la demande du Gouvernement Princier, à tout individu de nationalité monégasque à qui le séjour du territoire monégasque aura été interdit en vertu d'une décision judiciaire.

Art. 22. — Les individus condamnés pour des crimes ou délits de droit commun à la prison, à la réclusion ou aux travaux forcés seront reçus dans les établissements pénitentiaires de France ou bagnes établis dans les colonies françaises. Les mineurs envoyés en

correction seront reçus, suivant leur catégo-
rie pénale, dans les colonies de jeunes détenus, les colonies correctionnelles, écoles de
réformes ou écoles de préservation en France.

Les grâces ou réductions de peine accordées par Son Altesse Sérénissime le Prince
seront notifiées par la voie diplomatique au
Gouvernement français qui prendra les dispositions nécessaires pour l'exécution de ces
mesures bienveillantes.

L'Administration française signalera, s'il y
a lieu, au Gouvernement monégasque, les
condamnés qui lui paraîtront mériter une mesure de clémence (grâce, libération condition-
nelle, libération provisoire, s'il s'agit de jeunes détenus) et lui fournira tous renseignements utiles sur leur conduite en détention.

. L'Administration française ne pourra, sans
l'assentiment du Gouvernement monégasque,
faire application des dispositions des articles
3 et 4 de la loi du 5 juin 1875 aux détenus
condamnés par les Tribunaux de la Principauté
à des peines supérieures à un an et un jour
de prison.

Les deux Gouvernements s'engagent à se communiquer réciproquement les arrêts et jugements de condamnation pour crimes et délits de toute espèce qui auront été prononcés par les Tribunaux de l'un des deux Etats contre les sujets de l'autre. Cette communication sera effectuée, moyennant l'envoi, par voie diplomatique, d'un extrait de la décision prononcée et devenue définitive, au Gouvernement dont le condamné est sujet, pour être déposé au greffe du Tribunal qu'il appartiendra. Chacun des deux Gouvernements donnera, à ce sujet, les instructions nécessaires aux autorités compétentes.

Art. 23. — La jouissance des eaux entre la Principauté et la commune de Beausoleil continuera à être réglée par l'arrangement qui a été conclu, le 10 Février 1813, entre les Maires des communes de Monaco et de La Turbie.

Art. 24. — Les jeunes gens de nationalité monégasque seront admis à concourir pour l'admission dans les Ecoles du Gouvernement de la République dans les mêmes conditions que les jeunes gens de nationalité française. Toutefois, il ne pourra, à leur sortie de ces écoles, leur être attribué d'autres diplômes, titres ou emplois, que ceux qui sont accordés par le Gouvernement de la République aux élèves étrangers.

Il pourra, par des arrangements particuliers à intervenir entre les deux Gouvernements, être réservé aux sujets de nationalité monégasque des emplois dans les services assurés par la France dans la Principauté, excepté dans la Douane.

Art. 25. — Il sera procédé sans délai, après la conclusion de la présente Convention, à la délimitation de la frontière franco-monégasque.

Art. 26. — Le Prince se réserve la faculté de conclure avec les Puissances étrangères, tous traités qui ne renfermeraient aucune clause contraire à la présente Convention.

Art. 27. — La présente Convention sera mise en vigueur à partir de l'échange des ratifications et pour une durée de dix années. Si elle n'a point été dénoncée avant l'expiration de ce terme, elle continuera d'avoir son effet jusqu'à ce que l'une des Parties ait déclaré à l'autre Partie, au moins un an à l'avance, l'intention d'y renoncer.

En foi de quoi les Plénipotentiaires ont signé la présente Convention qu'ils ont revêtue de leurs cachets.

Fait à Paris en double exemplaire, le 10 Avril 1912.

    L. S. Signé: BALNY D'AVRICOURT.
    L. S. Signé: R. POINCARÉ.

PREMIERE DECLARATION

Le Gouvernement Princier établira dans la Principauté le régime de la garantie des métaux précieux, avec le concours du receveur des douanes de Monaco, du contrôleur du bureau de garantie de Nice, et d'un pharmacien ou chimiste de la Principauté en qualité d'essayeur.

L'organisation du service sera réglée par Ordonnance Souveraine.

Ce service fonctionnera aux frais de la

Principauté et les droits perçus seront versés au Trésor Princier.

En ce qui concerne les briquets pyrogènes, le Gouvernement Princier ne fait point d'objection à ce que les droits d'importation perçus dans la Principauté sur les briquets pyrogènes d'origine étrangère s'ajoutent aux perceptions douanières perçues pour le compte et au profit du Trésor Français.

Il achètera à l'Administration française les estampilles dont devront être revêtus les briquets vendus dans la Principauté.

L'Ordonnance du 14 Juin 1874 relative à la circulation des spiritueux sera modifiée de manière à mettre fin aux difficultés que l'emprunt de la voie ferrée cause aux transports par terre.

Le Gouvernement de la République accepte qu'un entrepôt réel de marchandises tarifées et prohibées soit établi à Monaco, par Ordonnance du Prince, sous les conditions prévues par la législation française.

Il accepte, en outre, que la faculté de l'entrepôt fictif puisse être accordée au commerce monégasque dans les mêmes conditions qu'en France.

Le Gouvernement de la République déclare qu'il ne s'opposera pas, le cas échéant, à l'ouverture de la gare de Monaco au transit international, sous la réserve que la Compagnie des Chemins de fer P.-L.-M. fournisse les locaux nécessaires au dépôt et à la vérification des marchandises ainsi qu'à l'installation du service des douanes.

Le Gouvernement de la République déclare que le bénéfice du régime de l'admission temporaire, tel qu'il fonctionne en France, sera, dès la mise en vigueur de la nouvelle convention, accordée aux marchandises étrangères importées dans la Principauté et destinées à être réexportées ailleurs qu'en France et en Algérie.

Le Gouvernement Princier fournira à ses frais les locaux nécessaires au casernement des douaniers français et à l'installation, sur les quais du port, du bureau du receveur et du corps de garde, le Gouvernement de la République n'assumant d'autre participation à cette dépense qu'une somme de 3.380 francs qu'il versera annuellement au Trésor Princier.

Le Gouvernement Princier prendra également à sa charge les frais de surveillance des entrepôts ainsi que les traitements et émoluments afférents aux emplois dont la création sera rendue nécessaire par l'importance des nouvelles opérations (entrepôts, admission temporaire, ouverture de la gare de Monaco au transit international) ; le coût des installations que nécessiterait le développement du trafic.

Le Gouvernement monégasque instituera dans la Principauté, pour la circulation des automobiles, un régime identique au régime en vigueur en France.

Il prend acte des dispositions du Gouvernement français de considérer, à ce point de vue, la France et la Principauté comme formant un seul territoire.

Il déclare ne pouvoir s'engager à instituer une taxe directe sur les automobiles dont les propriétaires habitent effectivement la Principauté.

Il est entendu que la mention dans le traité des droits sur les sucres et le sel n'a d'autre but que d'affirmer le maintien du régime antérieur en ce qui concerne la perception des droits sur ces denrées et qu'aucune modification n'est apportée à ce régime.

Le Gouvernement Princier se déclare d'ailleurs disposé à soumettre les raffineries qui s'établiraient à Monaco au régime fiscal des raffineries françaises.

Le Gouvernement Princier déclare que les avantages accordés à la minoterie de Monaco à titre de compensation au défaut du régime de l'entrepôt et de l'admission temporaire, dont bénéficiaient les industries similaires françaises prendront fin dès la mise en vigueur de la Convention ; cet établissement pourra, à partir de cette date, être constitué sous le régime de l'entrepôt fictif.

Il fait connaître que la brasserie de Monaco est établie en vertu d'un cahier des charges, par les dispositions duquel il est lié et qui expire en 1980 (Avril).

Aux termes de cet acte, la brasserie est tenue à une redevance proportionnelle, calculée à raison de 20 centimes par hectolitre pour toute la bière fabriquée, et augmentée pour la bière exportée en France d'une somme équivalente au droit de fabrication imposé par les lois françaises aux brasseries françaises. En dehors de ces taxes, la brasserie supporte les charges suivantes : fourniture gratuite de glace aux établissements hospitaliers ; usage gratuit par le Gouvernement des installations frigorifiques de la brasserie; retour à l'État, au terme de la concession, des terrains et constructions, construction d'un chemin public et d'une digue contre la mer.

Le Gouvernement monégasque continuera à prendre toutes les mesures nécessaires pour assurer la vérification exacte des quantités exportées, vérification qui intéresse directement le Trésor Princier.

Les droits de timbre afférents aux colis postaux expédiés de la Principauté et aux bordereaux d'expédition seront perçus au profit du Trésor Princier sans préjudice du droit de timbre à percevoir au profit du Trésor

Français, lors de l'entrée des colis en France, conformément aux lois des 3 mars 1881, 24 et 25 juillet 1881.

En ce qui concerne l'application du paragraphe 1er de l'article 18 ;

Par les mots « aucun avantage quelconque sous forme de prime ou autre », les deux parties entendent :

Les primes à l'importation ou à l'exportation ;

Les avantages particuliers pour les marchandises importées ou exportées sous le régime du transit, ainsi que pour celles faisant l'objet d'un compte d'admission temporaire ;

La restitution, en totalité ou en partie, des droits prévus par la Convention et des taxes perçues pour les opérations du port et de l'entrepôt ;

Le remboursement total ou partiel des impôts directs ou indirects ;

Les détaxes, les subventions, les garanties d'intérêt et autres modalités analogues.

Les taxes et droits autres que ceux énumérés aux articles 2, §§ 1er, 9 et 10 de la Convention, qui seront établis par le Gouvernement Princier sur les opérations du port et de l'entrepôt, seront perçus au profit de la Principauté sous réserve des frais de perception éventuels à allouer à l'Administration française.

Fait à Paris, en double exemplaire, le 10 Avril 1912.

L. S. Signé: R. POINCARÉ.

L. S. Signé: BALNY D'AVRICOURT.

DEUXIEME DECLARATION

La Convention s'applique non seulement aux bureaux à créer, mais aussi aux bureaux de Monaco et de Monte-Carlo qui sont déjà en exercice.

I. — SERVICE POSTAL

Le quatrième alinéa de l'article 14 de la Convention ainsi conçu: « Les lois, règle- « ments et tarifs de toute nature en vigueur « dans le service français seront applicables « dans la Principauté » visent, bien enten- du, non seulement les lois, règlements et ta- rifs actuellement en vigueur, mais encore ceux qui pourront être appliqués postérieurement, sans restriction (affranchissement des objets de correspondance, mandats-poste, abonnements aux journaux, envois contre remboursement, etc.).

Les dispositions qui, sur le territoire de la Principauté règlementent la répression en matière postale seront complétées de façon à punir, désormais, dans les conditions stipulées à l'article 9 de l'Arrangement concernant l'échange des lettres et des boîtes avec valeur déclarée, annexé à la Convention postale universelle signée à Rome le 26 Mai 1906, toute déclaration frauduleuse de valeur supérieure à la valeur réellement insérée dans une lettre ou dans une boîte chargée.

Au cinquième alinéa de l'article 14 de la Convention, l'expression « les indemnités de toute nature à payer aux tiers » comprend :

1° Les indemnités à payer pour la perte ou la spoliation, dans le service monégasque, d'objets chargés et d'objets recommandés ;

2° Celles dont le payement incomberait à ce service en vertu des dispositions de l'article 8, § 7, de la Convention postale universelle et de l'article 12, § 8, de l'Arrangement international concernant l'échange des valeurs déclarées.

II. — SERVICE TÉLÉGRAPHIQUE

L'Administration française assure le service télégraphique de la Principauté de Monaco.

Les Conventions, Arrangements et Règlements internationaux généraux ou particuliers concernant le service télégraphique, conclus par la France ou auxquels elle a adhéré, sont applicables de plein droit à la Principauté de Monaco.

En ce qui concerne les tarifs de toute nature et l'exécution du service, les bureaux de la Principauté de Monaco appliquent les mêmes règles que les bureaux du département des Alpes-Maritimes.

Les taxes applicables aux télégrammes ordinaires échangés par les bureaux monégasques soit entre eux, soit avec la France ou les Pays au-delà, sont les mêmes que celles appliquées respectivement dans les mêmes relations par les bureaux français du département des Alpes-Maritimes.

Il en est de même des taxes des télégrammes, de presse et, d'une manière générale, des taxes applicables aux diverses catégories de télégrammes spéciaux.

En cas de modifications des tarifs, celles-ci sont applicables dans les bureaux de la Principauté à la même date que dans les bureaux français.

Les taxes terminales attribuées à la France en vertu des Conventions ou Arrangements internationaux en vigueur comprennent la part afférente au parcours sur le territoire monégasque en ce qui concerne les dépêches originaires ou à destination de la Principauté de Monaco.

L'Administration française reste chargée du règlement des comptes avec tous les Offices ou Compagnies.

Il n'est crédité aucune taxe à la Principauté de Monaco pour les télégrammes à destination de ses bureaux.

Les taxes perçues par ces derniers, déduction faite de la part revenant aux Offices autres que la France, aux câbles sous-marins ou à la transmission radiotélégraphique et généralement de toutes les parts de taxe qui ne sont pas acquises au Trésor français, serviront à couvrir, s'il y a lieu, les dépenses d'installation et d'entretien des bureaux et appareils, le loyer des bureaux et les fournitures diverses, ainsi que le traitement et les indemnités du personnel dont la France fera l'avance. L'excédent des recettes effectuées par les bureaux monégasques constituera le produit net à répartir entre la Principauté et la France.

Le Gouvernement Princier restera propriétaire, sur son territoire, des lignes établies pour le service télégraphique de la Principauté, et du matériel affecté à ces lignes. D'autre part, le Gouvernement français conserve la propriété des lignes établies par lui pour la traversée du territoire monégasque et n'aura, par suite, à verser aucune taxe de transit.

III. — SERVICE TÉLÉPHONIQUE

Le Gouvernement Princier a exprimé le

désir que la France « prête son concours à l'établissement et au développement des communications téléphoniques qui pourront s'ouvrir, par les lignes françaises, entre la Principauté et tous autres Pays ».

L'Administration française peut donner l'assurance qu'elle s'efforcera de favoriser l'extension des relations téléphoniques entre la Principauté et les réseaux étrangers, dans toute la limite où les progrès de la technique téléphonique le permettront.

La constitution de conducteurs directs entre la Principauté et certaines villes étrangères pourra être envisagée, si l'établissement de ces circuits est reconnu nécessaire pour que l'acheminement du trafic monégasque ait lieu dans des conditions de rapidité normale. Dans ce cas, chacune des parties intéressées supportera les frais de pose et d'entretien des sections de lignes situées sur son territoire.

Le service de la correspondance téléphonique entre la Principauté, d'une part, et la France et les Pays étrangers, d'autre part, sera soumis à toutes dispositions résultant d'actes législatifs ou réglementaires ou de décisions administratives en vigueur ou à intervenir, applicables dans les relations de la France avec les Etats étrangers.

En conséquence, les taxes à appliquer dans la Principauté aux communications interurbaines avec la France ou d'autres pays, devront être les mêmes que celles qui seront perçues, selon le cas, par la France ou par l'Office étranger intéressé, pour ces mêmes communications. Au point de vue de la fixation des tarifs, le territoire de la Principauté sera placé dans les mêmes conditions que celui du département des Alpes-Maritimes.

Les services téléphoniques spéciaux (avis d'appel, messages, etc.) qui sont ou seront organisés dans le régime français et dans les relations entre la France et les Etats étrangers seront établis et fonctionneront dans les mêmes conditions, le cas échéant, dans le service de la correspondance téléphonique avec la Principauté, sans qu'il soit besoin d'accords spéciaux à cet effet.

Les Administrations des deux pays s'entendront pour déterminer les relations franco-monégasques qui peuvent être autorisées. Elles s'entendront également pour fixer les relations qui peuvent être autorisées, par l'intermédiaire des lignes françaises entre la Principauté et les Etats étrangers déjà admis à correspondre avec le réseau français.

Il est entendu que les dispositions de la Convention téléphonique du 8 juillet 1891 et de la Déclaration du 9 Novembre 1891 qui n'ont pas été modifiées par la nouvelle Convention ou qui ne sont pas contraires aux dispositions réglementaires présentement en vigueur, continueront à être appliquées dans le service de la correspondance téléphonique avec la Principauté.

IV. — PERSONNEL ET LOCAUX

Le personnel des bureaux de poste et de télégraphe (y compris les stations de câbles sous-marins) établis ou à établir dans la Principauté, devra être préalablement agréé par le Gouvernement du Prince qui se réserve la faculté d'en réclamer le renvoi et le remplacement s'il le juge utile. Le Gouvernement de Son Altesse Sérénissime s'oblige, de son côté, à assurer sur son territoire, aux agents de l'Administration des Postes et Télégraphes, toutes les garanties nécessaires à l'exécution de leur service.

D'autre part, au cours de pourparlers antérieurs, les représentants de la Principauté ont exprimé le désir qu'il soit réservé aux sujets de nationalité monégasque des emplois dans les services assurés par la France dans la Principauté. Cela revient à dire qu'un cadre d'agents et de sous-agents auxiliaires pourra être recruté sur place, pour la moitié au maximum des emplois tels que, par exemple:

Facteurs-distributeurs de lettres ou d'imprimés, de l'effectif permanent ou de l'effectif de renfort ;

Porteurs de télégrammes des deux effectifs ;

Ouvriers employés à l'établissement et à l'entretien des lignes et des postes, etc.

La nomination à ces emplois est réservée

à l'Administration Française et nul sujet monégasque ne pourra obtenir ou conserver des
fonctions dans les services dont ladite Administration est responsable, sans l'agrément de
cette dernière.

Ce personnel spécial n'aura pas, au point
de vue des traitements, émoluments divers
et avantages de toute nature (congés, etc.),
une situation meilleure que celle qui est accordée aux unités de même grade de l'Administration française en résidence dans la Principauté.

Enfin, une entente déterminera les conditions de juridiction et de procédure dans
lesquelles les mesures disciplinaires seront
proposées et appliquées à l'égard du personnel choisi dans la Principauté.

BUREAUX

L'Administration française établit, après
entente avec le Gouvernement Princier, les
bureaux et installations intérieures éven-
tuelles ; dans le cas où elle ne trouverait pas
de locaux pour les bureaux, ou d'emplace-

ments pour les installations, le Gouvernement Princier aurait à les lui procurer.

Fait à Paris, en double exemplaire, le 10 Avril 1912.

L. S. Signé: R. POINCARÉ.

L. S. Signé: BALNY D'AVRICOURT.

ARTICLE DEUXIEME

Notre Ministre d'Etat est chargé de l'exécution de la présente Ordonnance.

Donné en Notre Palais à Monaco, le dix-neuf Avril mil neuf cent quatorze.

ALBERT.

Par le Prince :
Le Secrétaire d'Etat,

Signé : Fr. ROUSSEL.

Pour exécution :
Le Ministre d'Etat,

Signé : E. FLACH.

La Réalité

C'est en partant de cette idée d'indépendance de la Principauté prise dans sa lettre comme dans son esprit,qu'une poignée de Monégasques plus ou moins d'origine, ou plus ou moins récemment naturalisés, rêvèrent un beau matin de se substituer au Gouvernement princier. Confondant le relatif avec l'absolu, — quelques-uns à dessein parmi les chefs de file ;d'autres,par ignorance,dans le lot des moutons — ils n'avaient, pensaient-ils, qu'à manifester au Prince leur intention de diriger le char de l'Etat, et si les moyens persuasifs n'aboutissaient pas, on aurait eu alors recours à la violence.

Mais si les prétentions raisonnables et convenablement exposées peuvent dans la plus large mesure possible avoir prise sur l'âme magnanime de S. A. S. le Prince Albert, les procédés de bruta-

lité ne sauraient fléchir un tempéra-
ment qui pour être des plus accommo-
dants, sait à l'occasion faire preuve de la
plus grande énergie.

Méprisant les menées plus ou moins
bruyantes, et ne voulant tabler que sur
des vœux pouvant être légitimement
exaucés, le Souverain décida d'octroyer
aux Monégasques une charte constitutionnelle inspirée à des idées aussi libérales que le consentaient les contingences auxquelles il était impossible de se
soustraire.

Car la situation de la Principauté ne
saurait être envisagée comme celle des
autres petits pays. Enclave française,
elle contient une population étrangère
dix fois plus nombreuse que l'élément
national. Et, toute indépendante qu'elle
soit, on ne saurait ne pas tenir compte
de cette double particularité. Un répondant est en quelque sorte indispensable
auprès du Gouvernement de la République. Qui oserait donc, dans Monaco, à

l'exception de deux ou trois maîtres-
fous, se proclamer *the right man in the
right place ?* Quel est celui qui préten-
drait trouver meilleur garant de la tranquillité et de l'ordre public que le Prince
Albert lui-même, dont les qualités de
cœur et les sentiments français sont
bien connus.

Mais les Monégasques, dira-t-on, qui,
entre parenthèses, ont formulé plus de
revendications que n'en contenaient les
fameux « Cahiers du tiers », né songè-
rent jamais à se substituer à leur Souverain. C'est possible. Toutefois, lorsqu'on
commence à jouer aux grands hommes,
on ne perçoit pas de suite où s'arrête-
ront les ambitions et les appétits. En
tout cas, une chose est indéniable : les
pêcheurs en eau trouble, et ils l'ont su-
rabondamment prouvé dans leurs discours et par leurs écrits, visaient, très
sérieusement, à remplacer les hauts
fonctionnaires de nationalité française,
que le Prince choisit non seulement pour

leurs capacités, leur distinction, leur tact, mais aussi par déférence pour la France. Or, les gouvernants de la République ne verraient certes pas d'un œil indifférent des personnalités d'autres pays, fussent-elles monégasques, occuper les plus hautes charges de la Principauté. Telle est la réalité.

C'est à ce prix, nullement onéreux, d'ailleurs, que Monaco conservera son indépendance et vivra en sécurité.

Une hypothèse

Au commencement de 1911, l'agitation monégasque était à l'apogée. Les ambitieux sans scrupule qui l'avaient fomentée, piqués de la tarentule politique et touchés, sans doute de la grâce journalistique, avaient fondé diverses feuilles, évidemment prédestinées à une vie éphémère. Elles étalaient, en de pénibles élucubrations, tout un fatras de revendications d'autant plus inimaginables qu'elles consistaient presque toutes à demander la lune.

Folle et risible équipée, qui n'a pas manqué de stimuler, à son heure, la verve railleuse des grands organes parisiens ! Mais pour les simplistes, auxquels il est généralement si facile de donner à entendre qu'à crier fort on s'enrichit vite, il était nécessaire d'opposer aux divagations périodiques de certaine presse, de non moins périodiques réfutations. Ainsi aurait-on pu dessiller les yeux aux personnes à vue courte, secouer les apathies, arrêter les hésitants prêts à glisser sur la pente fatale, faire en somme la démonstration que les agitateurs ne pensaient qu'à satisfaire leurs appétits et qu'en aucune façon le bruit de leurs voix ne pouvait être pris pour le tonnerre.

Au nombre des articles de journaux qui parurent au moment où les brûlots de Monaco se démenaient le plus, il en est un dont la reproduction ne sera pas déplacée ici. L'auteur de ce livre n'emprunte, d'ailleurs, rien à personne, lui-même l'ayant écrit et publié dans un journal qu'il créa pour défendre les intérêts bien compris de la Principauté.

Sous forme d'un conte de fée, mais qui n'a au fond rien d'imaginaire, il dépeint à traits rapides la situation présente de Monaco, ce qu'elle était il y a un demi-siècle à peine, ce qu'elle serait si, par impossible, le pays devenait la proie des arrivistes.

———

INVIDIOSA VASTATRIX

(CONTE HISTORIQUE)

———

Il était une fois un roi et une reine qui n'avaient presque pas de sujets. Il est vrai que leur territoire n'embrassait pas une bien grande surface ; il était même tellement limité qu'on aurait pu dire de lui avec le poète, que vraiment Dieu ne l'avait fait si petit que pour le façonner avec plus de soin. On y voyait, cependant, des rochers en grand nombre et la culture des citronniers et des oliviers constituait à peu près la seule ressource du pays.

Mais les maisonnettes étaient si pittoresquement perchées sur les rocs, les rocs si glorieusement éclairés par un soleil de triomphe, les cabanes des pêcheurs si mollement battues par les flots toujours calmes d'une mer d'azur, que les autochtones, sans penser aux métaux précieux qui agitent notre pauvre humanité et lui font commettre tant de sottises, vivaient tranquillement chez eux, à l'abri des gros soucis de l'existence, sans se mêler à l'agitation des peuples puissants qui les environnaient et qui, grâce à cette vie modeste et paisible, respectaient leur indépendance.

Sur ce petit coin de terre béni, et bien que l'histoire que nous racontons ne remonte pas à de bien longues années, les dernières fées avaient trouvé un refuge avant de suivre définitivement leurs compagnes et d'abandonner ce pauvre globe d'où la Civilisation, méchamment, les chasse.

Le roi et la reine n'ignoraient pas leur présence. Comme elles ne faisaient aucun mal et que les méchantes elles-mêmes (car on sait qu'il y a de méchantes fées et on va en avoir la preuve) ne faisaient pas trop parler d'elles, les deux souverains les avaient prises sous leur protection.

Or, un beau soir, après la célébration de l'une de ces charmantes petites fêtes où, à défaut de feux d'artifice, d'illuminations, de pavoisements, de girandoles multicolores, le roi et la reine s'étaient sentis entourés de l'affection de leurs fidèles sujets, un fait extraordinaire se produisit. Tout était calme au Palais, le moment du repos était venu et chacun se préparait à en profiter largement, lorsqu'une lueur douce illumina soudain l'appartement royal. Les souverains aperçurent alors sans effroi, mais non sans surprise, une blanche théorie de frais visages souriants : c'étaient les fées de la montagne qui faisaient une manifestation.

La plus âgée — elle allait peut-être sur ses vingt ans — s'adressant au roi, prit la parole en ces termes :

« Sire, il ne nous est pas possible de vivre plus longtemps sur la Terre. La planète Mars nous appelle et Camille Flammarion a beau dire, la civilisation ne s'est pas développée aussi désagréablement qu'il veut bien le faire croire. Nous ne voulons pourtant pas nous envoler

avant de vous avoir confié, en guise de carte
P. P. C. et de remerciements pour tous vos
bienfaits, un secret qui pourra faire votre
bonheur en vous permettant de faire également celui de vos sujets. Vous le trouverez
inscrit sur ce parchemin, que je remets entre
vos mains. Je dois toutefois vous prévenir
qu'une de nos compagnes nommée Invidiosa
Vastatrix, et qui ne se trouve pas parmi
nous, parce que la reine des fées la laisse
pour quelque temps encore en exil sur la terre, doit être tenue par vous soigneusement à
l'écart de vos sujets, car, si par hasard ceux-
ci venaient à l'écouter, du plus grand bien
pourraient résulter les plus grands mal-
heurs ».

Ceci dit... pfutt !... la lueur disparut et
l'obscurité fut complète. Pour déchiffrer le
parchemin qui seul dans les mains du roi té-
moignait qu'il n'avait pas rêvé, les bougies du
lustre doré et aux cristaux étincelants furent hâtivement allumées, car l'usage des
becs Auer et des ampoules électriques était
encore inconnu.

Peu d'années après, le petit royaume voyait
s'ouvrir pour lui une ère de prospérité incon-
nue. Dans la partie la plus escarpée des rochers de la montagne, le roi, sur les indications des fées bienfaisantes, avait découvert
des gisements d'une richesse inouïe, d'or, de
diamants et d'autres pierres précieuses. Sagement il en confia l'exploitation à quelques
hommes à la fois hardis, actifs, intelligents
et riches. Mais, en passant contrat, le roi
avait eu bien soin d'introduire une clause in-
terdisant d'une façon absolue « à tout un
quiconque de ses sujets, de prendre une part,
quelconque à l'exploitation ». C'est que les
bonnes fées ne lui avaient point caché que le
séjour dans ces mines n'allait pas toujours
sans danger et que la plupart de ceux qui y
pénétraient par cupidité, pourraient aussi
risquer gros. Cela n'empêchait d'ailleurs pas
les indigènes de donner aux concessionnaires
de l'entreprise, un concours grassement payé
pour tous les travaux administratifs, et ceux-
ci prirent rapidement une extension si phéno-
ménale que, bientôt, toute la jeunesse valide

de la localité trouva largement, à gagner sa
vie.

C'était déjà un heureux résultat, qui fut à
très bref délai suivi de beaucoup d'autres.
L'appât du gain avait attiré dans ce merveilleux pays des milliers et des milliers d'étrangers. Sous prétexte de venir à la recherche du
soleil, ils couraient en réalité à la recherche
des millions. Pour héberger tout ce monde il
fallut des hôtels grandioses, des villas princières, des jardins somptueux, d'admirables
routes, en un mot tout un développement,
tout un mouvement de richesses qui fit de la
population du petit royaume, la plus fortunée
du monde. Pas d'impôts, du reste, dans cette
riante contrée : le roi, en les abolissant tous,
avait, d'un seul coup et une fois pour toutes,
chargé les concessionnaires d'assumer sur
leurs bénéfices « et proportionnellement à
iceux », les frais de tous les services publics,
y compris sa propre liste civile.

Le bon roi étant venu à mourir, son suc-
cesseur continua dignement l'œuvre paternel-

le ; aussi cette prospérité inespérée dura-t-elle près d'un demi-siècle.

Malheureusement, le nouveau Souverain croyant, en son extrême bonté, aux sentiments de gratitude qu'ignorent toujours les cœurs mal placés, accorda généreusement le droit de cité à tous ceux qui en avaient fait la demande et qui, fort hypocritement, exprimaient ainsi le désir de travailler et de vivre en toute loyauté sous la protection des lois en vigueur dans le pays.

Ce fut à quelque temps de là que l'on aperçut circulant dans les rues, de la ville, une vieille décrépite que nul ne connaissait, mais dont tous les naturels semblaient prendre à cœur d'éviter le contact. On ne l'évita cependant pas assez. Il fallut que de mauvais garnements naturalisés se missent en relations avec cette sorcière, car des rumeurs sourdes commencèrent à circuler. Peu à peu, trop accoutumés à leur bonheur, quelques-uns trouvèrent qu'il n'était pas complet. Il y eut des colloques secrets, des mots de passe, puis, tout à coup, la mine souterraine éclata et l'on vit les fortes têtes prendre la direction d'un mouvement révolutionnaire, oh combien ! à l'effet d'obtenir, à l'instar des grandes nations, un gouvernement constitutionnel.

L'instigatrice de cette baroque équipée — on l'a deviné — n'était autre que cette horrible chipie d'Invidiosa Vastatrix, qui, depuis près de cinquante ans, cherchait en vain de détruire l'œuvre bienfaisante de ses anciennes compagnes. Elle pensa sans doute que la voie la plus sûre pour ruiner le petit royaume était de le doter des institutions sous lesquelles gémissent les peuples forts.

La vieille misérable ne s'était pas trompée, son succès fut foudroyant. Tous les imbéciles, ambitieux de jouer un rôle et de prendre surtout une part plus brillante et plus personnelle aux splendides bénéfices dont le pays récoltait une si large prébende, demandèrent une Constitution. Le roi, toujours bon enfant, n'y vit pas grand mal ; il l'accorda sans trop se faire prier. Mais à peine en possession de leur nouvelle Charte, ils en réclamèrent la revision, émettant des prétentions

de plus en plus exorbitantes et ne tendant à
rien moins qu'à prendre en mains la fortune
entière de leur Souverain, sur laquelle ils lui
accorderaient gracieusement une liste civile,
et à se faire remettre aussi la concession de
l'Eldorado tout proche, dans un but que toutefois ils négligeaient de bien spécifier.

Que croyez-vous alors que fit le roi, enfin
lassé ? Quand il eut la certitude que ses ai-
mables et reconnaissants sujets se préparaient à le dépouiller si proprement, il songea
qu'il était bien inutile de continuer à administrer des gens de cette espèce. Il fit un petit signe à la grande puissance voisine et la
pria de se charger de les gouverner à sa place. Celle-ci acquiesça sans hésitation et, pour
accélérer et simplifier la besogne, se borna à
éditer un décret de quelques lignes faisant du
petit royaume un simple canton, et assujet-
tissant *ipso facto* tous les citoyens, tous les
habitants au service militaire, aux impôts
généraux de la nation la plus imposée d'Europe, ainsi qu'aux impôts locaux du dépar-

tement le plus imposé de tous les départements.

Quant aux produits de la bienheureuse concession ils furent immédiatement doublés ou triplés, mais pour aller s'engloutir intégralement dans les gouffres budgétaires d'où on ne les voit jamais ressortir.

Sic transit gloria mundi.

*

Cet exposé politique, écrit en juin 1911, est encore d'actualité.

A la suite des maux horribles et sans nombre que la barbarie tudesque à déchaînés sur le monde, il est certain que dans l'avenir la France s'organisera pour empêcher le retour des atrocités dont elle a été l'une des principales victimes. Sa vigilance ne sera plus surprise, elle s'étendra dans les moindres détails, non seulement au-delà, mais en-deçà aussi de ses frontières.

On doit cependant à la vérité de dire que le mauvais gibier, auquel Monaco dut d'assister à tant de mises en scène tapageuses, a soudain rabattu son caquet. Les intrigants de bas étage, les forbans établis tout à trac marchands de morale et déguisés en citoyens afin de lancer un soi-disant mouvement d'idées, ont sans doute fini d'égrener le chapelet des invectives et des injures contre tout ce qui est honorable. Mieux encore : ils se sont effacés dans une discrète pénombre d'où la plus élémentaire prudence leur commande de ne jamais sortir, sous peine d'être pris au collet pour que la société en soit débarrassée à jamais.

Du reste s'ils s'avisaient de recommencer leurs bouffonnes pitreries, s'ils s'essayaient à vouloir troubler de nouveau la tranquillité que les personnes ont le droit d'exiger de tout gouvernement, il n'est point besoin d'être prophète pour imaginer ce qui adviendrait. Fatigué de se voir méconnu, discuté, et pensant à la fois qu'il est parfaitement inutile de continuer à administrer des gens d'une espèce si peu reconnaissante, le Souverain ferait sûrement le petit signe dont il est parlé dans *Invidiosa Vastatrix*. Certes, la France se chargerait de les gouverner à sa place. A partir de ce jour les habitants du plus heureux petit Etat, jouiraient évidemment de toutes les libertés, de tous les droits qui existent aujourd'hui en France comme à Monaco, mais seraient du même coup assujettis aux charges et aux impositions avec lesquelles ils n'ont jusqu'ici, pour leur bonheur, jamais fait connaissance.

Simple hypothèse ?... Peut-être !... Mieux vaut cependant réfléchir très sérieusement, alors qu'il en est temps encore.

Que les gens sensés n'ayant jamais eu partie liée avec les casse-cou, mais évidemment coupables de trop d'indifférence, secouent leur apathie s'ils ne veulent pas tomber dans le piège. Le conseil est bon.

Les Naturalisations

La malsaine fermentation doit être attribuée surtout à une poignée d'hommes de fraîche venue dans la Principauté et ayant obtenu la naturalisation monégasque.

Jusqu'à ce jour le Gouvernement princier, qui d'une manière générale conforme ses actes à ceux du Gouvernement de la République, a accordé les naturalisations avec une grande facilité.

La guerre actuelle a mis en lumière le danger qu'il y avait à laisser certains étrangers devenir citoyens d'un pays qui n'est pas le leur. Si bien qu'une loi autorisant le Gouvernement français à rapporter les décrets de naturalisation obtenus par d'anciens sujets de puissances en guerre avec la France, a été promulguée le 7 avril 1915. Et un décret portant règlement d'administration publique pour l'application de cette loi a été aussitôt signé par M. le Président de la République, aux termes duquel l'étranger naturalisé qui, d'après les renseignements recueillis par le ministre de la Justice, rentre dans un des cas prévus par la nouvelle loi, est prévenu en la forme administrative que le ministre se propose de provoquer le retrait de sa naturalisation. La notification énonce les motifs invoqués et indique, le cas échéant, si le retrait projeté doit s'étendre à la femme et aux enfants du naturalisé.

La France avait en effet de quoi s'alarmer. La statistique, dressée assez récemment par périodes de cinq années, est tout simplement effrayante. Jusqu'aux abords de 1889 la moyenne annuelle de naturalisation n'est que de 458. A partir de cette date, elle s'élève à une moyenne également annuelle de 5.963, pour bondir tout d'un coup à 13.430 en ce qui concerne la seule période 1910-11.

Jamais les chiffres ne furent plus é-
loquents.

En Suisse, mêmes inquiétudes. Suivant le rapport émanant du département politique fédéral, il résulte que
dans le courant de 1914, les demandes
d'acquisition de naturalisation suisse
se sont élevées à 3.040. De ces demandes, 2.431 ont été accordées, dont 1444
à des ressortissants de l'Empire allemand, soit plus de la moitié du chiffre
total !

« Cette simple constatation — dit le
rapport du département politique fédéral — nous donne d'emblée une idée de
la formidable pénétration de l'élément
allemand d'Outre-Rhin en Suisse.

« ... Une heureuse et salutaire réac-
tion est en train de se produire dans
une notable partie de notre pays. Espé-
rons que des populations le mouvement
passera dans la conduite des organes di-
rigeants de l'Etat et dans les institutions. »

Oui, il faut espérer pour le bonheur
et la sécurité de la France, de la Suisse,
de tous les pays civilisés, que le chemin
sera désormais barré à l'**Invasion Allemande** qui, en temps de paix et pour
préparer la guerre, introduit partout
autant d'espions avérés que d'industriels, de commerçants ou d'employés
sournois.

Que chacun ait toujours présent à
l'esprit le texte de la loi que le secrétaire d'Etat allemand Delbrück a fait
adopter par le Reichstag :

*«L'Allemagne continue de reconnaître la qualité d'allemand à certains de
ses fils, nonobstant leur naturalisation dans d'autres pays, parce que cette
naturalisation* **leur permet de servir
plus utilement la mère-patrie.** *»*

Les leçons de la souterraine et méthodique préparation guerrière des
Teutons, telles qu'aujourd'hui on les
comprend dans toute leur horreur, serviront dans l'avenir aussi bien au point

de vue social qu'au point de vue indus-
triel et commercial.   Puissances com-
battantes ou non, nations neutres grandes, moyennes, petites ou minuscules,
en feront leur profit.

Monaco dont la France est le bou-
clier de Pallas, n'a dorénavant, comme
il le fit du reste par le passé, qu'à imi-
ter le grand pays qui l'enclave.

Les turbulents naturalisés, suivis des
rares autochtones, dont la population
de la Principauté a encore quelque sujet de se plaindre, ne mettent certes
point en péril les institutions. Étrangers au monde du travail des villes et
des champs, ils n'ont demandé à se couvrir la face du masque monégasque que
pour mieux se livrer au repos, à la joie
et au plaisir, avec l'intention d'en pri-
ver les autres, tout simplement. A part
ça, ils ne nourrissent aucun sombre
projet. Les idées !... ils luttent contre
elles comme don Quichotte luttait con-

tre les moulins à vent, inutilement et l'esprit chevaleresque en moins.

Mais à cette manie de tendre les poings et de vociférer de viles injures, il est indispensable de mettre un frein à jamais. Que ces trouble-fête restent chez eux ou bien, s'ils ne sont pas du pays, qu'ils respectent l'hospitalité monégasque.

Plus de naturalisés !

Il en sera certainement ainsi, grâce à la fermeté et à la sagesse du Prince et de ses meilleurs conseillers.

De 1909 à 1910

De toutes les phases de l'agitation, celle qui va du milieu de l'année 1909 jusqu'à la fin de 1910, fut sans contredit la plus fertile en épisodes héroï-comiques.

Cependant, lorsqu'on se remémore les exploits auxquels purent impunément se livrer des individus d'une intelligence bien au-dessous de la moyenne et n'ayant eu pour la plupart que de fort lointains rapports avec l'éducation la plus rudimentaire, on reste frappé d'étonnement et l'on se pose aussitôt une question. Comment un Gouvernement a-t-il pu, pendant un laps de temps relativement long, tolérer pareille équipée, sans doute funambulesque et infiniment risible, mais pouvant néanmoins entraîner de sérieuses complications ?

Une seule réponse paraît rationnelle. Ce Gouvernement ne pouvait raisonna-

blement admettre que le spectre de la
révolution pût être agité dans un petit
pays indépendant, libre, exceptionnel-
lement favorisé, débordant de prospérité, l'unique au monde où l'on ne paye
ni impôt du sang ni contribution de
n'importe quelle nature. En bonne logi-
que, la concorde doit régner quand on
se trouve à l'abri des discussions d'ordre politique, social, économique, qui
divisent les esprits et sèment souvent la
discorde. Telle était évidemment la
pensée du Gouvernement, et ainsi s'ex-
plique sa longanimité; tel était également l'avis des gens de bon sens, qui
n'entrevoyaient dans de ridicules manifestations que l'expression de folies
toutes passagères de jeunesse.

Mais il s'agissait bien de gourme à
jeter !... Les agités, enhardis par tant
de mansuétude, coururent à toute bride
et à grand bruit vers le but qu'au dire
des meneurs il s'agissait d'atteindre,

s'ils voulaient conquérir sinécures et monceaux d'or.

Car il est nécessaire pour l'édification du lecteur de dire de suite, avant même de le conduire à travers les nombreux méandres d'une politique instaurée à Monaco — si toutefois la figure et le mot sont permis — par de lamentables pitres, il est nécessaire de dire de suite que le but poursuivi consistait à s'emparer du pouvoir et à mettre la main sur la poule aux œufs d'or, représentée en l'espèce par la Société des Bains de Mer. C'est grâce à ce mirage alléchant qu'une poignée de saltimbanques purent faire monter sinon au pouvoir, du moins à l'échelle, les moutons de Panurge qui vivent, comme l'on sait, dans toutes les contrées et sous toutes les latitudes. Leurs faits et gestes, au fur et à mesure qu'ils seront retracés, se chargeront d'en faire l'ample démonstration.

Cela commença d'une manière assez

anodine, par de légers murmures auxquels on ne prêta d'abord aucune attention.

Vers la fin de l'automne 1909 la jérémiade se transforma audacieusement en mascarade. Un beau jour, les étrangers ayant déjà pris ou sur le point de prendre leurs quartiers d'hiver dans la Principauté, assistèrent à un spectacle peu banal. Des hommes portant de grandes croix blanches sur le dos, se mirent à déambuler devant le Casino de Monte-Carlo. Les spectateurs, un moment interloqués, firent des gorges chaudes lorsqu'on leur eut expliqué qu'à l'aide du symbole rappelant le supplice du Christ, ces singuliers manifestants entendaient évoquer les souffrances horribles et sans nombre qu'ils enduraient sous le joug du tyran. Or les étrangers savent à quoi s'en tenir sur ce point, ayant, non sans raison, toujours considéré Monaco comme le pays de cocagne où les naturels n'avaient qu'à se laisser vivre. Il est clair cependant que les inspirateurs de cette petite parade masquée, d'ailleurs silencieuse, s'imaginaient exercer ainsi une pression quelconque sur les gros bonnets de la Principauté, sous la menace d'un exode possible de la colonie étrangère au moment de l'ouverture de la saison hivernale. Ils n'obtinrent qu'un succès de fou rire, personne ne bougea.

Mais les lamentations suivirent bientôt, avec les inévitables couplets sur la Liberté, l'Egalité, la Fraternité. Les grands principes de 89, les hauts faits de 93, le tout confondu dans un bizarre méli-mélo, étaient sans cesse rappelés à tout propos et surtout hors de propos. Une salle de théâtre tint lieu de Jeu de Paume, où les conjurés firent le serment d'abolir l'esclavage. En même temps, une sorte de Comité de Salut Public veillait jour et nuit. La Principauté était représentée comme une Cour des Miracles où le peuple marchait sous la férule des gardes-chiourmes. Au nom des intérêts vitaux (*sic*) du pays, on devait organiser sans retard des « Corps constitués », procéder à la rédaction de « Cahiers » et pour être aussi tout à fait modern-style, il fallait créer un « budget », exiger du Gouvernement « la liste des emplois vacants », s'occuper « des retraites et des assurances ouvrières », constituer un « Trésor National », réglementer sur des bases nouvelles « le Commerce et l'Industrie », reviser les « traités internationaux ». Est-ce qu'après tout les Sully, les Colbert, les Talleyrand feraient défaut dans Monaco ?

Il ne manquait rien au tableau, les nouveaux jacobins voyaient grand. Une minuscule collectivité d'exotiques, mâtinés de naturalisation monégasque, qui ne représentent en fait aucune nationalité et bien moins encore une nation, émettaient l'extraordinaire prétention de régenter à leur guise une population étrangère, mais stable en la demeure, de 20.000 habitants.

Sans passer par le crible du détail leurs diverses exigences, il en est pourtant une qui mérite de retenir plus particulièrement l'attention. Elle a trait à la constitution d'un « Trésor National », question sur laquelle ces inconscients insistèrent longuement. Pour étayer leur raisonnement, ils allaient jusqu'à prévoir l'éventualité d'un tremblement de terre, d'une épidémie, ou d'une guerre, chose qui, dans un cas comme dans l'autre, aurait nécessairement amené, comme partout ailleurs, du reste, l'arrêt momentané des affaires. Et pendant que les étrangers fuiraient la Principauté ou iraient verser leur sang pour la patrie en danger, eux, les vrais Monégasques, resteraient tranquillement à la maison les pieds sur les chenets à l'époque des frimas, ou s'offriraient les plaisirs des champs pendant la chaude saison, grâce à leur

« Trésor », en attendant des temps meilleurs.

Singulière mentalité ! On avouera que le flambeau du Progrès et la torche de la Civilisation ne firent jamais meilleure figure sur les tréteaux de Tabarin.

*

* *

Les revendications des « évolutionnistes », pour employer le terme très euphémique par lequel les pêcheurs en eau trouble se qualifièrent eux-mêmes, furent enfin précisées et formulées dans un programme où une stupéfiante incohérence le disputait au plus révoltant cynisme. Un journal fut expressément créé *ad hoc*. A côté des réclamations de droits politiques et sociaux de toutes sortes, les deux premières colonnes de cette feuille exhibèrent, de longs mois durant, le **Programme du Parti** de la **Collectivité Monégasque** — une autre expression curieuse qui dépeint admirablement le troupeau des moutons.

Une seule citation suffit à donner le ton à tout ce fatras d'extraordinaires prétentions, tellement elle est caractéristique : « Exécution du programme des grands travaux ; adjudications publiques *entre les entrepreneurs du pays* pour tous travaux publics ; projet mis au concours *entre les architectes du pays.* »

Il faut croire que les grands travaux projetés devaient s'élever à de nombreux millions, et que nombreux aussi devaient être, parmi les directeurs de « l'Evolution », les architectes et les entrepreneurs monégasques bon teint ou naturalisés.

Prétendre exclure de toutes entreprises tous éventuels concurrents *étrangers,* fussent-ils même de Nice ou de Menton, est d'un particularisme auquel ne songeraient pas les plus éhontés affairistes. On ne saurait mieux se moquer des gens et de leurs droits. Comme si les consuls accrédités près le Gouvernement princier, — de simples soliveaux sans doute, d'après les chambardeurs — n'eussent pas, le cas échéant, défendu les intérêts commerciaux de leurs nationaux, en rappelant l'autorité monégasque au respect du droit international.

*
* *

Le Prince Albert ne voulait voir au fond des agissements tintamarresques de quelques-uns de ses sujets, que les embarras, souvent cruels, dans lesquels les enfants terribles mettent leurs parents. Esprit d'ailleurs ouvert au plus pur libéralisme, Son Altesse Sérénissime songea à les assagir par la douceur et créa à leur intention une Commission Communale qui s'occuperait des questions intéressant l'administration intérieure du pays. Son Altesse pensait pouvoir compter sur des collaborateurs aux connaissances sans doute peu étendues, mais dont le loyalisme et la bonne volonté eussent au moins facilité la tâche du Gouvernement.

Son illusion devait être de bien courte durée. Ce fut en effet un singulier concours. Les édiles improvisés se livrèrent tout de go au plus systématique obstructionnisme. Ils étaient étroitement liés aux membres d'un comité occulte; si étroitement liés que les délibérations au sein de la Commission Communale se déroulaient sur le mot d'ordre des factieux. Non seulement cette Assemblée allait à l'encontre de sa mission, mais elle s'était ouvertement constituée l'intermédiaire des plus inavouables appétits et des plus basses rancunes.

Bien plus, elle n'hésita pas en différentes circonstances à froisser profondément le Souverain dans ses plus chères affections. Et ce fut un témoignage de fidélité et de reconnaissance très

particulier, celui publiquement manifesté dans une inoubliable séance.

Une statue à élever à la mémoire de
Charles III, le Prince auquel est dû en
grande partie l'essor rapide et merveilleux de Monaco, était en cause. Parmi
les conseillers, quelques énergumènes
osèrent protester sous le prétexte
qu' « on ne trouvait pas d'emplacement
où ériger cette statue. »

Voilà bien le comble de l'odieux et
du grotesque tout à la fois.

La Commission communale n'ayant
pas donné les résultats espérés, le Prince Albert ne vit aucun inconvénient à
ce qu'il fût procédé à la réorganisation
municipale. Il décida de résoudre en
même temps la question relative au
droit de réunion et celle concernant la
liberté de la Presse. Dès lors les groupements clandestins se dissoudraient.
Au lieu de marcher cahin-caha sur un

chemin semé d'écueils, chacun exprimerait sans entrave toute sa pensée. Et l'abominable assertion des professionnels de la calomnie croulerait aussi, que le Prince mal inspiré par de perfides conseillers ne voulait pas entendre la voix de ses sujets.

A cet effet, Son Altesse Sérénissime convoqua une délégation monégasque en son Palais. L'entrevue eut lieu le 6 mars 1910.

Il est écrit que certains Monégasques ne savent rien faire d'une façon naturelle. Il faut qu'ils se ridiculisent à chacun de leurs actes. Au lieu de répondre avec la plus grande simplicité au geste à la fois paterne et élégant du Souverain, les délégués suivis de la foule des oisifs se rendirent à l'invitation dans un inimaginable apparat. Ils allèrent drapeau en tête, militairement, en rangs serrés, marquant le pas, chantant en chœur l'hymne national comme s'ils allaient prendre d'assaut une nouvelle Bastille, que représentait peut-être à leurs yeux le vieil et historique château des Grimaldi. Tambours et clairons étaient absents; point de piques, ni de hallebardes, pas de fusils, mais que de sourires ébauchés au passage de cette phalange si peu macédonienne et tout à fait « macédoine ».

D'une manière générale, les commentaires de la presse française sur cette journée du 6 mars, ne furent pas des plus flatteurs à l'égard des farouches jacobins de Monaco.

« La population de cet Eldorado —
« disait Henri Rochefort — n'est sou-
« mise à aucun impôt. Il n'y a pas un
« seul pauvre dans la Principauté,
« ceux qui s'adressent à vous venant
« exclusivement du dehors. J'ignore
« quelles revendications les adminis-
« trés du Prince de Monaco sont ve-
« nus lui exposer, mais ils ne peuvent
« se plaindre que d'être trop heureux,
« et ce qui le prouve, c'est que vivant

« tous de l'affluence des étrangers, on
« n'y connaît pas ces usines et ces ate-
« liers où les travailleurs turbinent
« pendant des journées de douze
« heures. »

A citer encore, sur le même sujet, quelques lignes du *Petit Journal* :

« Les Monégasques ne sont que
« 1.200, qui avec 7.500 Français et
« 8.300 Italiens forment les 17.000
« habitants de la Principauté. Ces
« 1.200 là estiment qu'ils n'ont pas la
« part assez grande, non pas dans la
« gestion des affaires de leur pays,
« mais dans les bénéfices des jeux.
« Les jeux sont la fortune de Monaco
« et les Monégasques voudraient, sans
« doute, en bénéficier davantage, alors
« que les étrangers en bénéficieraient
« moins. C'est là la vraie cause du
« mouvement, qu'on décore du titre
« d'agitation constitutionnelle. »

L'attitude, non pas de tous les Mo- négasques, mais de ceux d'entre eux

qui s'étaient niaisement mis à la re-
morque des soi-disant défenseurs des
intérêts vitaux de la Principauté, jus-
tifiait pleinement ces sévères appréciations. Il est évident que les affairistes,
du cru ou du dehors, ne visaient qu'à
satisfaire leurs appétits sur le dos des
naïfs. Plusieurs de ces naturalisés,
n'ayant ni sou ni maille à leur arrivée,
ont aujourd'hui pignon sur rue. Ils
fournissent l'éclatante preuve que la
vie est plus facile à Monaco qu'ailleurs.
S'il en était autrement, ils se seraient
hâtés de regagner leurs pays respectifs
ou d'aller plus loin essayer de faire
fortune.

Avec leur coutumière effronterie, ces
méprisables parvenus publièrent dans
une feuille innommable que les publi-
cistes français, par qui ils furent si
bien devinés et définis, avaient été
payés à raison de tant la ligne.

*
* *

Toute mouvementée qu'ait pu être l'année 1910, elle demeure à jamais inséparable du titre de gloire que confère au Prince Albert le culte passionné des généreuses idées de progrès et de justice, d'art et de science. La solide renommée du savant aux réalités agissantes et inébranlablement soutenues par un considérable effort, fut magnifiquement attestée le 29 mars, mémorable journée où fut inauguré le Musée Océanographique, par l'élite même des hommes dont les noms font autorité dans le monde illustre des arts, des sciences et des lettres.

Les plus nobles propagateurs des lumières de l'humaine pensée ne furent pas seuls à consacrer définitivement l'importance de l'œuvre accomplie. Aux délégations des corps savants — l'Institut de France en tête — aux hommes célèbres venus de tous les points, se joignirent les représentants de toutes les nations pour apporter au Souverain de

Monaco le témoignage officiel du monde entier.

Des divers discours prononcés pendant l'inoubliable solennité, il en est un qui mérite une place à part parce qu'il expose en de succinctes mais éloquentes phrases, la raison de la participation du Gouvernement de la France à la cérémonie. Voici comment s'exprima M. Pichon, ministre des Affaires Étrangères :

« La place d'un membre du Gouvernement de la République était doublement marquée à la fête qui réunit dans ce cadre féerique, qui semble fait pour les apothéoses, des savants venus du monde entier. Elle l'était, à la fois, par l'intérêt spécial que prend la France à une science dont les études se traduisent par de si féconds résultats, et par les liens particuliers que la généreuse pensée du Prince, dont nous sommes les hôtes, a établis entre l'Institut Océano-

graphique de Paris et le Musée Océa-
nographique de Monaco.

C'est à ce double titre que, me joi-
gnant aux délégués des souverains re-
présentés à l'inauguration de ce musée,
j'apporte à Son Altesse Sérénissime le
Prince Albert l'expression de la grati-
tude de mon pays.

En créant — je puis le dire — une
science nouvelle, en la dotant de ses
moyens d'action, en recrutant le per-
sonnel d'étudiants et de professeurs
qui s'y consacrent, en lui apportant lui-
même des éléments précieux d'observa-
tion, le Prince, qui voit aujourd'hui
triompher son œuvre, a donné la forme
la plus heureuse et la plus pratique au
dévouement qu'il n'a cessé de montrer
pour l'instruction des hommes.

Ministre des Affaires Etrangères
d'un Gouvernement dont la préoccupa-
tion constante est de maintenir la paix
parmi les peuples, je salue dans cette
œuvre d'éducation, de travail et de pro-

grès un acte de désintéressement et de clairvoyance qui mérite la reconnaissance universelle puisqu'en contribuant à augmenter nos connaissances il sert la cause de l'humanité.

Et c'est en m'inspirant, Messieurs, d'un sentiment de concorde entre les nations et entre les races, que je remercie, au nom de la France, Son Altesse Sérénissime le Prince Albert Ier de Monaco.

Ce tribut unanime d'éloges allant au Souverain dont l'œuvre « d'éducation, de travail, de progrès méritait la reconnaissance universelle », comment fut-il entendu par les Monégasques ? Les chefs de file qui, ceux-là, poursuivent invariablement pour leur propre compte un but bien déterminé, et les hommes à vue courte qui leur emboîtent docilement le pas auraient quand même pu se ressaisir un moment, et admettre tout au moins que le Prince dont « le désintéressement et la crairvoyance » étaient proclamés par les voix les plus autorisées, ne pouvait être intéressé et aveugle à l'égard de son peuple.

Mais obtenir des gens qui veulent arriver à tout prix, de s'arrêter à mi-chemin, est selon toute apparence aussi difficile que de demander un peu de réflexion aux jocrisses. Et, tenant toujours soulevé le coin du voile qui cache la scène où se déroule la comédie monégasque, le lecteur va marcher de surprise en surprise.

*
* *

Tandis que le Prince étudiait et préparait avec le concours d'hommes éclairés, les réformes promises, la Confrérie des revendicateurs n'en continuait pas moins à exciter les passions. Elle apportait tant de parti pris à contrecarrer les projets du Gouvernement, une telle audace à troubler les esprits, que les bonnes raisons de douter de sa sincérité éclatèrent enfin aux yeux de tous ceux qui ne s'obstinaient pas à les tenir fermés.

Dans le courant du mois de mai 1910, M. Briand, président du Conseil des Ministres, reçut un télégramme dont la teneur, en provoquant sans doute le rire qui est, comme l'a dit Rabelais, le propre de l'homme, lui fit vraisemblablement se frotter les yeux, tout en se demandant s'il n'avait pas la berlue, ou si par hasard il n'était pas victime de quelque mystification à la Lemice-Terrieux. Si éminent homme d'Etat que l'on soit, on n'est pas pour cela absolument certain de n'avoir jamais à redouter les facéties même du plus mauvais goût. Pourtant, il ne s'agissait aucunement d'une plaisanterie, du moins dans l'imagination des écervelés qui en étaient les auteurs.

Tout simplement le Comité Monégasque, qui avait à lui tout seul assumé la défense des **Intérêts Vitaux du Peuple** de Monaco, se croyait en devoir de câbler Place Beauvau que des choses très graves allaient se passer dans la Principauté, si d'aventure l'on s'avisait de ne pas le consulter sur la situation politique extérieure. Dans la plénitude de leur inconscience, comme à l'accoutumée, les membres de ce Comité fameux se livraient en somme, une fois de plus, à l'un de ces gestes du plus haut comique que l'auteur de la *Grande Duchesse de Gerolstein,* s'il avait encore été de ce monde, n'eût certainement pas manqué de musiquer allègrement.

C'était l'époque où une Commission, naturellement désignée par le Prince, s'était chargée d'étudier le projet d'une nouvelle Convention franco-monégasque. Son Altesse Sérénissime avait omis de recourir aux lumières des néo-diplomates appartenant depuis la veille à la petite famille monégasque. Crime horrible ! *Inde iræ,* et protestations indignées aussi, non pas directement adressées au Gouvernement princier, mais au premier ministre du Gouvernement de la République.

M. Briand

Président du Conseil des Ministres,

Paris.

Les soussignés, membres du Comité monégasque, élus par la population, protestent contre l'absence des sujets monégasques dans la Commission nommée par le Prince pour étúdier la Convention à intervenir avec la France.

Ils font toutes réserves au nom de la population

Suivaient les signatures des M'as-tu-vu du Comité occulte, lequel, loin de ressembler à l'académie silencieuse décrite par La Bruyère, fut, avec beaucoup d'à-propos, dénommé « Comité des Braillards », par les Monégasques qui n'étaient pas brouillés avec le bon sens.

Mais la mesure était comble. L'acte irrespectueux, absolument indigne, par quoi on essayait de diminuer l'autorité souveraine auprès des autres chefs d'Etat, comportait une sanction immédiate. Ce comité, élu par ceux-là mêmes qui le composaient, par conséquent illégalement constitué et simplement toléré grâce à une indulgence extrême, fut dissous par l'arrêté suivant :

Art. 1ᵉʳ. — *Le groupement connu sous le nom de « Comité monégasque », qui avait été toléré jusqu'ici, devra être dissous à la date du 28 mai 1910 au plus tard.*

Art 2. — *A partir du 28 mai le groupement dit « Comité monégasque » serait déclaré illicite et tomberait sous le coup de l'article 276 du Code pénal.*

Art. 3. — *Le directeur de la Sûreté, le Colonel Commandant Supérieur et le Procureur Général sont chargés chacun en ce qui le concerne de l'application du dit arrêté.*

Et la Convention franco-monégasque,

comme on l'a vu, fut signée sans recourir au grand savoir des hurluberlus.

*
* *

Si l'étendard de la révolte restait encore enfermé dans sa gaine il n'en ressort pas moins que les chefs de file et leur cortège de convertis à la noble cause de l'ôte-toi-de-là que je m'y mette, tâchaient à exercer en dedans comme au dehors de Monaco, la plus honteuse pression sur le Souverain. Leur audace croissait chaque jour, et plus ils se montraient indignes de toute confiance, plus il leur était concédé.

Ce fut en effet peu de temps après l'entrevue du 6 mars que les 617 électeurs de Monaco-Ville, de la Condamine et de Monte-Carlo, en un mot de la Principauté dans sa totalité, se virent octroyer, par ordonnances princières, le droit de réunion, la liberté de la presse, la création d'un Conseil Com-

munal élu par le suffrage direct universel et au scrutin de liste.

Comme il jure terriblement, ce mot
de « suffrage universel » avec le chiffre dérisoire de 617 électeurs noyés
dans une population de 20.000 habitants !...

Les promoteurs du « Mouvement »
allaient-ils au moins se montrer reconnaissants ? Prouveraient-ils qu'ils
nourrissaient vraiment le plus louable
dessein en apportant une certaine co-
quetterie à sagement administrer leur
petite patrie d'origine ou d'adoption ?

La réponse ne se fit pas attendre.

Les mal élus du 19 juin 1910, bien
que n'ayant eu à combattre aucune liste
opposée à celle qu'avec une fatuité peu
commune ils avaient présentée sous l'é-
tiquette « nationale-progressiste », obtinrent à peine une moyenne de 325
voix. Il fallut même procéder à un se-
cond tour de scrutin pour repêcher un

des leurs, qui au premier tour n'avait pas atteint le quorum.

Mais il y eut également ceci de fort savoureux. Parmi les nouveaux édiles figuraient cinq couples de frères ou de cousins germains. Et ceci encore de particulièrement suggestif : sur les 209 inscrits de Monaco - Ville, 137 seulement avaient pris part au vote. Les Monégasques de vieille souche, si affectionnés à leur rocher (ils sont environ une centaine), signifiaient ainsi à ces singuliers candidats qu'en dépit de tout leur battage électoral ils ne voyaient en eux qu'un consortium d'intrigants désireux, avant tout, de satisfaire leurs ambitions et leurs appétits.

Et ils ne se trompaient certes pas, les vieux et vrais Monégasques qui n'avaient point fait litière de leurs scrupules et entendaient rester fermement, loyalement attachés à leur Prince, car, plus que jamais, les revendications marchaient grand train. Des libertés et

des droits de toute nature étaient récla-
més à cor et à cri, mais droits et libertés
n'impliquant, bien entendu, aucun devoir.

Les braves à trois poils du « Mouvement » ne se contentaient plus de penser
et d'écrire librement. Au surplus, que
leur importait l'administration municipale, s'ils n'avaient pas en mains les rê-
nes du Gouvernement. Sans cela, di-
saient-ils, les naturelles aspirations vers
le progrès et plus de bien-être n'étaient
que mots vides de sens. Puis, après tout,
foin du Gouvernement ! Le pays ne pouvait aller vers ses heureuses destinées
que par la *seule collaboration du Prince
et de ses sujets,* comme le proclamait
sans tant d'ambages, l'organe officiel
du **Parti.**

. A les écouter, l'harmonieuse disposition des pouvoirs sur laquelle se basent
tous les pays civilisés, devait être
l'exception pour la *nation monégasque.*
De sorte que, par exception aussi, la

Principauté aurait fini par offrir l'image, plutôt singulière, de la pyramide renversée.

La méthode qui en géométrie consiste à raisonner parfois d'après l'absurde, n'est nullement applicable à la science gouvernementale. En admettant comme légitime le désir manifesté par les Monégasques, de prendre une part plus active à la gestion des affaires intérieures, l'absurdité eût été incommensurable en recourant à un petit clan de politiciens de mauvais aloi, pour la direction des affaires extérieures. Celles-ci exigent une souplesse et un tact consommés et ne peuvent pour ce motif, que ressortir au Gouvernement princier, eu égard surtout à la situation géographique de Monaco. La démonstration en a d'ailleurs été lumineusement faite par le Prince Albert lui-même, dans sa lettre mémorable au maire, à la date du 29 juin 1910.

... En modifiant, avec la prudence nécessaire au maintien de notre prospérité, l'organisation administrative qui nous avait donné des biens extraordinaires au milieu des difficultés qui troublent aujourd'hui tous les peuples, j'ai voulu habituer les Monégasques à l'étude des affaires municipales. Un résultat satisfaisant ne pourra être obtenu que si les élus remplissent leur rôle avec la clairvoyance, la franchise et la conscience nécessaires pour justifier l'élévation de certains hommes au-dessus de leurs concitoyens.

D'ailleurs il ne faudra pas que le travail spécial pour lequel j'ai formé le Conseil Communal soit gêné par l'intervention de la politique : il n'y a pas de place sur un territoire aussi petit que le nôtre pour des luttes qui troublent toujours les esprits et désunissent les cœurs en favorisant l'agitation et l'intrigue. Il ne faut pas que cette petite Principauté, à laquelle son histoire, pleine de noblesse depuis des siècles, a donné une situation honorable parmi les peuples, devienne la victime des ambitions et des spécula- tions que la politique engendre. Ses prin- ces lui ont acquis un prestige qui ne doit pas encourir la raillerie des spectateurs; ils lui ont gagné dans le monde une con- fiance qui ne doit pas ête compromise.

Aussi on peut être certain que mon autorité maintiendra les principes de gouvernement, qui sont la base de notre existence et qui, seuls, me permettent de remplir ma tâche.

Mais loin de faire leur profit de cette belle et saine façon d'envisager la situa- tion et de tracer la voie à suivre pour le plus grand bien des hommes et des cho- ses de Monaco, les forbans de l'arrivis- me et de l'affairisme devaient persister dans un système politique *sui generis*, consistant exclusivement à montrer les poings.

*
* *

La lettre de Son Altesse Sérénissime était à peine connue, que peu de jours après, exactement le 11 juillet, un grotesque incident se produisait au sein de l'Assemblée communale. Trois conseillers présentèrent une motion par laquelle « M. le Maire était prié, et au besoin invité, de ne plus transmettre à l'avenir, et à qui que ce fût, aucune communication qui n'aurait pas été au préalable soumis à l'avis du Conseil ». Et, renchérissant sur la dose, en manière de blâme fort peu célé, « les Conseillers regrettaient sincèrement que les appréciations contenues dans la lettre du Prince dénotaient à leur égard un manque de confiance que rien ne semblait justifier ».

Les propositions de l'Assemblée délibérante s'accordaient à merveille avec les articles publiés dans la feuille officielle de la *Collectivité*, rédigés du reste par les principaux metteurs en scène du « Mouvement ». Il en résultait que cette

feuille n'exprimait en fait que les sentiments des lamentables fantoches qui, é-
tant à la fois auteurs et acteurs, décla-
raient sans rire, en séance du Conseil,
qu'ils ne s'inspiraient que de la Volonté
Nationale du Peuple Monégasque, dont
ils étaient l'émanation directe en vertu
du suffrage universel.

Il fallait les entendre et les voir en
leurs attitudes théâtrales. Tout allait
mal dans la pire des Principautés. Tout
était à faire ou à refaire. Le régime de
l'arbitraire devait prendre fin. On vivait
sous le plus oriental despotisme. La dernière des tribus campée en plein Mala-
bar jouissait de plus grandes libertés
qu'à Monaco.

Toujours à travers le prisme de l'exagération — d'une exagération voulue et
calculée afin de mettre le plus de bâtons
possibles dans les roues du char de l'Etat
— une question même d'éventuelle succession au trône ne manqua pas d'être
soulevée. Mais l'antienne la plus chantée

en l'an de grâce 1910, fut certainement celle du Trésor National.

Des millions et encore des millions, approximativement évalués à une quarantaine, étaient indispensables à l'embellissement de la Principauté et, aussi, disaient ces prévoyants de l'avenir, « afin que dans l'âpreté de la lutte pour l'existence nous soyons sur le pied d'égalité avec les autres pays. »

Mais où trouver tous ces millions ? Établir l'assiette de l'impôt ?.. Non vraiment. Cela avait peut-être sa raison d'être dans des contrées peuplées d'hommes qui ahanent pour vivre, mais non à Monaco, où, sans s'échiner, l'on vend à un prix suffisamment rémunérateur l'air pur d'un climat exceptionnel et les vivifiants rayons d'un soleil de gloire.

Des prélèvements seraient opérés, tout simplement, sur les recettes des jeux du Casino. Ce trésor, si nationalement constitué, n'était point, après tout, destiné à la guerre, comme celui enfermé dans la tour Julia à Spandau, mais uniquement fait pour permettre à ces bons Monégasques de couler en paix des jours heureux. Mieux valait mille fois l'assiette au beurre que celle de l'impôt.

Il y a loin de la coupe aux lèvres. Le rêve ne se réalisant pas, l'air connu des revendications recommença de plus belle, en des gammes terriblement ascendantes. La population se chargera elle-même — clamaient encore les capitaines Fracasse « évolutionnistes » — de réaliser ce qui paraîtra indispensable à la sauvegarde de ses intérêts. Elle choisira le moment opportun et rien ne pourra lui être opposé.

En même temps le Souverain était averti pour la seconde fois, sur un ton un peu plus comminatoire, que les conseillers communaux voulaient « entretenir avec le Chef de l'Etat, seul, des relations effectives et sans intermédiaires étrangers. » Ces étrangers traités de « mercenaires » en l'occurrence n'étaient autres que les fonctionnaires français choisis par le Prince.

C'est par ces propos subversifs et par ces incitations non dissimulées à la révolte, que de pauvres oisillons se muant en aigles préparaient les explosions de violences dont Monaco allait être incessamment le théâtre.

*

* *

Toutes les prétentions invariablement formulées avec la plus extraordinaire disinvolture n'avaient semblé jusqu'ici à la plupart des spectateurs de l'interminable bouffonnerie, que surenchères à l'usage des bluffeurs en mal d'arrivisme. Qui se serait jamais douté qu'aux paroles haineuses succèderaient les scènes tumultueuses de la rue? Cela advint pourtant. Car, si l'émeute d'octobre 1910 ne dégénéra pas en révolution, il faut en rendre grâces à un Gouvernement auquel répugnait toute mesure de répression violente. Peut-être serait-il exagéré de dire que le sang aurait coulé. Pour peu que les carabiniers ou les agents de police eussent fait mine de dégainer, il est certain que ces émeutiers à la manque se seraient empressés de prendre en guise de revolver, leurs jambes à leur cou.

Quoi qu'il en soit, une bande de 500 individus environ, dont plus d'un copieusement avinés, purent parvenir sans obstacle sur la place du Gouvernement, manifester contre les autorités, pousser même des cris de mort au milieu de coups de sifflet très sonores et bien nourris. Puis, les énergumènes dévalèrent du vieux rocher vers le quartier de la Condamine pour continuer leur tapage. Ils se préparaient déjà à prolonger leur hourvari jusque devant le Casino de Monte-Carlo, lorsque, soudain, sur un mot d'ordre des meneurs, ils s'arrêtèrent net. Sublime inspiration ! due, non certes à la crainte du gerdarme pacifique, mais, tout bonnement, à la peur d'effrayer et d'éloigner les étrangers auxquels, en définitive, bons ou mauvais Monégasques doivent tous le pain quotidien.

Ces scènes tumultueuses ne laissèrent pas d'inquiéter quelque peu les gouvernants de la République. Le renvoi immédiat des plus hauts fonctionnaires français dans la Principauté avait été bruyamment réclamé par une foule en délire ; des cris de mort avaient été proférés contre ces mêmes fonctionnaires. Le *Petit Parisien,* dont le propriétaire faisait partie du Conseil des ministres à ce moment-là, résumait en trois lignes et en manière de salutaire avertissement, la situation : « D'après des renseignements puisés à bonne source, le Gouvernement français suit de près les événements de la Principauté de Monaco où des démonstrations ont eu lieu contre nos nationaux. »

De son côté la gazette des appétits coalisés faisait paraître, dans l'ivresse de la joie, une édition spéciale avec ce titre abracadabrant : **Au Travail Pour La Régénération.** C'était une sorte de manifeste qui retraçait à sa façon les récentes prouesses. Telle était sa saveur qu'il serait dommage de n'en point reproduire quelques extraits.

— « Les Monégasques viennent de vivre des heures sombres.

... C'était la lutte entre l'oppression et le peuple, lutte soutenue d'un côté par les moyens déloyaux de l'intrigue et des machinations, mais franchement ouverte, sincèrement cordiale du côté du Peuple.

L'oppression a subi un échec, mais elle ne se croit pas encore vaincue.

Le Peuple est sûr, lui, de la Victoire, victoire complète, éclatante, grandiose.

... La conscience populaire est devenue ainsi la force de notre petite nation contre laquelle rien ne résiste.

... C'est par toutes les volontés des ci-

toyens, communiant dans un même sentiment d'indépendance, que nous avons
renversé un système que le monde civilisé et le progrès avaient depuis longtemps condamné.

... Les adversaires du peuple ne peuvent se résigner à renoncer à leurs in-
trigues qui pendant si longtemps assu-
rèrent leurs succès.

Nous savons en effet qu'on ne peut
attendre de la franchise de la part des
exploiteurs.

Mais que pourra leur manque de sincérité contre un peuple fermement dé-
cidé à aller jusqu'au bout.

Le Peuple Monégasque gardera ja-
lousement le fruit de ses conquêtes dans
le domaine de la Liberté.

Et qu'ils le sachent bien nos ennemis,
la Volonté Nationale brisera toute résistance, puisque cette résistance est inspirée par la déloyauté. Le Peuple Monégasque a montré qu'il prise par dessus

tout ses libertés civiques. Il a confondu ses détracteurs qui ne voyaient en notre pays qu'un centre de matérialisme et de corruption.

Il a prouvé que nous avons une conscience nationale et que chez nous aussi la Patrie et la Liberté ne sont pas de vains mots.

... Victoire, disions-nous. Oui, nous sommes victorieux.

... Un philosophe a dit : le travail c'est la liberté. Mettons-nous donc au travail pour la régénération de notre pays.

... Et que sous l'égide du progrès que tous les cœurs s'unissent dans un même sentiment de fraternité.

... Or le Pays c'est Nous, Monégasques, c'est vous aussi étrangers qui avez ici vos intérêts lesquels se confondent avec les nôtres.

... Nous n'avons pas de finances, pas de crédit national, pas de fonds de réserve pour les retraites. Nos institutions sont mal organisées, notre commerce périclite, notre ville attend les embellissements, les promenades que possèdent depuis longtemps les villes voisines, l'assistance n'est pas assurée non plus par une organisation rationnelle.

... Unissons-nous donc pour faire la lumière et écartons de notre droit chemin les ennemis de la population, ceux qui ont pour seul principe l'intérêt personnel.

Certes, nous devons être magnanimes, mais nous devons aussi être justes.

Pour être justes il faut que les ennemis du Pays soient sacrifiés.

Le peuple ne doit pas se venger, mais il doit sauvegarder ses intérêts vitaux. Notre devoir est donc de dissiper tous les malentendus, or les exploiteurs ont intérêt à les perpétuer.

C'est pourquoi le peuple Monégasque dans sa sincérité fait appel à la bonne foi de tous ses amis pour consacrer son existence, ses droits et sa liberté dans l'intérêt majeur du pays et la régénération de la Principauté. » —

Il faudrait inventer des mots pour qualifier l'indigeste factum par lequel de lamentables robespierrots empruntant, de-ci, de-là, les mots aujourd'hui quelque peu désuets du vocabulaire propre aux Girondins et aux Montagnards, catéchisaient les visionnaires déjà ensorcelés aux trois quarts et qui se figuraient pouvoir bientôt marcher sur des roses sans épines. En tout cas, l'écrit qui avait la prétention d'être une *Proclamation au Peuple de Monaco*, obtint le plus éclatant succès de fou rire auprès de la population.

C'est qu'elle était vraiment au gros sel la plaisanterie du « commerce périclitant », des « embellissements et promenades que possèdent depuis longtemps les villes voisines », le tout assaisonné de « Travail pour la Régénération ». Et cela, dans un pays qui est commercialement des plus prospères,

que les étrangers admirent précisément
à cause de ses beautés naturelles, de ses
magnifiques avenues, de ses jardins
merveilleux, et où enfin, en matière de
« Travail Régénérateur » le Monégasque qui n'ambitionne pas une place de
croupier est la rarissime exception.

*
* *

Le droit de réunion consistait donc,
dans l'esprit des « revendicateurs » à
former des groupements qui envahi-
raient librement la voie publique pour
frapper de terreur les gens paisibles et
préparer les forces de la rébellion.
Quant à la liberté de la presse, elle com-
prenait toujours, à leur sens, le droit
imprescriptible de bafouer, d'insulter,
d'intimider les autorités, sans en excep-
ter le chef de l'État lui-même. En Angleterre, cependant, où la liberté de pu-
blier ses opinions est si grande, des peines très sévères ont été édictées et sont
rigoureusement appliquées à l'endroit

des folliculaires qui dépassent les bornes raisonnables. Et en France, également, si tout citoyen peut exprimer publiquement sa pensée par l'écrit, l'État conserve toujours le droit de sévir contre les journaux qui pourraient être un péril pour la nation. C'est en vertu de ce principe que fut supprimée, il y a quelque vingt ans, le *Pensiero,* de Nice.

Certes, ces restrictions sont prévues dans les ordonnances princières relatives aux réunions et à la presse. Mais il faut croire que tout cela n'est, comme dans la chanson, que pour la forme. Jamais aucune sanction pénale ne vint mettre un terme aux venimeuses diatribes, bien plus, aux appels à la révolte de quelques gazetiers forcenés.

Si les prouesses des Octobristes de Monaco ne furent qu'une très pâle imitation des exploits horribles par lesquels se signalèrent jadis les Septembriseurs de Paris, elles impressionnèrent tout de même assez vivement Son Altesse Sérénissime, qui paraissait plus que jamais décidée à déjouer les menées de ses turbulents sujets, par la mansuétude et par la plus grande condescendance à satisfaire leurs désirs. Peut-être un jour agiraient-ils raisonnablement ! Dans sa bonté, le Prince Albert évoquait sans doute les deux vers du fabuliste :

Pauvres gens! Je les plains, car on a pour les fous
Plus de pitié que de courroux

Ils voulaient à présent une Constitution... ils auraient une Constitution.

Et le 16 octobre, à une réunion tenue dans une salle de théâtre, le maire était autorisé à déclarer que le Prince accordait une « véritable charte constitutionnelle. » Dans une explosion de joie, on clama fort : « Vive la Constitution! Vive la Liberté! » mais l'écho ne répéta point, une seule petite fois, le cri de : « Vive Albert Ier ! » La parole et la plume sont faites, à Monaco, pour injurier ou pour diffamer; le silence pour témoigner sa reconnaissance.

Dans l'entre-temps, afin d'apaiser les belliqueuses ardeurs qui auraient pu mettre le Gouvernement dans l'inéluctable nécessité de prendre des mesures énergiques; pour éviter que la situation ne tournât au tragique, le Prince Albert avait délégué le Prince Louis auprès des Monégasques.

Les révoltés entrevirent-ils dans cet acte bienveillant, mais très politique aussi, le commencement de la soumission à leurs volontés ? Se figurèrent-ils par hasard que, bientôt maîtres du pouvoir, ils pourraient à leur aise sonner la curée des places et hisser leur pavillon sur les entreprises lucratives longtemps mijotées dans le plus abominable et le plus absurde complot ? Pour sûr, ils ne s'arrêtèrent pas un instant à l'idée que le geste du Souverain était une preuve nouvelle de ses dispositions favorables envers son peuple.

La présence du Prince Louis à Monaco, calma momentanément l'effervescence. En outre, pour la population saine qui n'avait jamais ajouté foi aux «canards» lancés dans la presse à propos d'une éventuelle succession au trône, elle eut surtout ceci de significatif, à savoir qu'aucune mésintelligence n'existait entre le Prince régnant et le Prince héréditaire.

Voilà donc la Constitution en marche.

Son Altesse Sérénissime confie le soin de l'élaborer à trois jurisconsultes choisis parmi les plus éminents de France. En attendant le jour où elle entrera en vigueur, un Gouvernement provisoire est créé. Souvent le provisoire dure longtemps ; heureusement pour la Principauté, ce régime prit fin au bout de trois mois. Mais si court qu'ait été ce laps de temps, il n'en marque pas moins l'étape la plus comique du « Mouvement. » On vit des histrions se prendre pour de très authentiques maires du palais.

De son côté le Conseil communal, confondu avec le Gouvernement provisoire, décide de siéger en permanence, comme jadis le Comité de Salut public aux heures les plus troubles du régime de la Terreur. La patrie est en danger. Il faut aussi rassurer les populations. Les plus notoires des modernes Conventionnels se rendent auprès des représentants des puissances étrangères. Notamment les consuls de France et d'Italie reçoivent l'assurance que les personnes, les biens et les droits des 17 ou 18 mille français et italiens résidant dans la Principauté, seront respectés par les 97 monégasques autochtones et les 520 naturalisés.

Le plus burlesque de l'histoire, c'est que ces pantins finissaient par se prendre au sérieux.

*

* *

Afin que la Constitution fût l'œuvre commune de ses sujets et des juristes français, le Prince Albert, d'accord avec

le Ministre des Affaires Étrangères de
la République, envoya une délégation
monégasque à Paris. Les quatre membres du Gouvernement provisoire qui la
composaient firent assez piètre mine au
cours des réunions.

Au fond, que leur importait la meilleure des chartes constitutionnelles s'ils
n'entrevoyaient pas, pour eux-mêmes et
pour leurs acolytes, la possibilité d'occuper toutes les fonctions politiques et administratives qui leur auraient permis
de mettre sous leur coupe — une coupe
réglée — la richissime Société des Bains
de Mer. N'était-ce pas le rêve depuis si
longtemps caressé par tous ces aventuriers de races diverses qui se sont abat-
tus sur un petit coin de terre privilégiée
où ils ont pris racine par le jeu de la naturalisation — naturalisation au reste
contestable à l'égard de plus d'un parmi
eux, pourvu que les Gouvernements
français et italien désirent y voir clair.

Par son service parisien d'informa-

tions, le Ministre des Affaires Étrangères se trouvait être exactement rensei-
gné sur les événements dont la Principauté avait naguère offert l'inattendu
autant que bruyant spectacle, et les
hauts fonctionnaires du quai d'Orsay
suivaient attentivement toutes les phases de la crise. Quelles étaient les intentions gouvernementales? La presse ne
tarda pas à les faire connaître.

Le Gouvernement de la République —
disait en résumé la presse française —
entend que la future Constitution monégasque lui soit soumise avant d'être appliquée, et que ses dispositions respectent dans toute leur intégrité les rapports ayant existé jusqu'à présent entre
les deux pays. Sa seule préoccupation
sera de sauvegarder l'influence légitime
et légale dont la France doit jouir dans
une enclave de l'un de ses départements.
Si la France n'a pas cru devoir exercer
le protectorat du Piémont, qui lui était
transmis par droit d'héritage naturel au

moment de l'annexion du Comté de Nice, c'est parce qu'elle supposait que jamais une influence hostile ou simplement contraire à ses intérêts, ne trouverait asile dans la Principauté. La crise actuelle permettra de régler définitivement cette question.

Ces déclarations aussi franches que logiques n'eurent certes pas l'heur de plaire aux trois mousquetaires de la délégation monégasque à Paris — le quatrième ne s'étant joint à eux qu'à son corps défendant.

Ils relevèrent aussitôt le gant, en ayant toutefois bien soin de ne pas s'adresser directement aux auteurs de ces déclarations parues dans les journaux les plus autorisés de Paris et de province. Dans un geste peu correct, mais en tout cas fort prudent, ils expédièrent à leurs compagnons du « provisoire » restés à Monaco pour y répondre de l'ordre, le joyeux et sibyllin télégramme suivant :

« Pouvez faire connaître qu'il n'est atta-
« ché ici aucune importance aux articles
« tendancieux de certains journaux, d'ail-
« leurs sans influence. N'y répondez même
« pas. Avons affirmé où il fallait véritables
« sentiments des Monégasques. Avons con-
« fiance dans jurisconsultes français. Re-
« commandez le calme à tous et comptez sur
« notre entier dévouement. »

Le calme n'était que relatif. La feuille officielle des membres du Gouvernement provisoire et des autres agitateurs n'annonçait-elle pas que les impatiences commençaient à se manifester à propos de l'instauration du nouveau régime ? Quant à la confiance dans les jurisconsultes, en dépit de l'assertion contenue dans la dépêche des délégués, elle devait être aussi de bien courte durée.

*

* *

Cependant les articles des journaux français n'avaient pas été sans embarrasser tant soit peu la clique des factieux. Sérieusement la France allait-elle vouloir démêler l'écheveau confus de « l'Evolution » ? Prétendrait-elle, en un mot, s'occuper des affaires du Peuple monégasque ?

Dare-dare, on reprit en chœur le refrain de la civilisation, du progrès, des principes immortels, et la feuille xénophobe d'exalter en même temps « l'esprit de justice, la générosité, les idées libérales de la noble France. »

Vaines complaintes, inutiles flatteries !

Le *Petit Journal* se chargea de répondre sans retard aux jérémiades et aux flagorneries, en écrivant :

« Ne nous arrêtons pas aux protesta-
« tions de tendresse des Monégasques
« et résumons les faits, les marques de
« sympathie qu'ils ont données à la
« France depuis leur émancipation :

« 1° Demande de révocation des fonctionnaires français.

« 2° Demande de suppression du Co-

mité de bienfaisance de la Colonie française.

« 3° Demande de suppression de la
Chambre de Commerce constituée par
le Prince et dans laquelle les Français
sont prépondérants.

« 4° Constitution, par les membres
du Gouvernement provisoire, comme
première manifestation de son autorité,
d'un Comité des Fêtes dans la Commission administrative duquel il n'entre
que huit Français contre neuf Italiens
et un bureau monégasque. »

Et le journal parisien faisait au surplus remarquer que les trois-quarts des
intérêts fonciers et commerciaux et
presque la totalité des intérêts financiers
sont entre des mains françaises. Les recettes de l'enregistrement en fournissent une preuve évidente. Sur 500.000
francs, 480.000 ont été versés par des
Français pour l'année 1909.

*
* *

Telle se présentait la situation à la veille du jour où allait s'inaugurer l'ère de la Constitution.

La perspective n'était pas des plus rassurantes. Déjà, dans le tohu-bohu des réunions publiques quelques orateurs, particulièrement excités, vociféraient que les représentants de la nation avaient été systématiquement écartés des discussions relatives à la Constitution, et que les jurisconsultes français ne pouvaient rien faire pour les Monégasques.

Xénophobes sans le vouloir

On a, dès le début de l'agitation, traité de xénophobes ceux qui la fomentaient.

Cette qualification était-elle justifiée ?

Oui et non, suivant la manière d'envisager la question.

Affirmer que les Monégasques détestent les étrangers par état d'âme serait enfantin, voire absurde. La population entière ne tire-t-elle pas le plus clair de ses ressources de l'élément exotique qui, l'été comme l'hiver, afflue dans la Principauté plus que partout ailleurs sur le littoral ? Ce ne sont certes pas les indigènes, premiers entre tous à bénéficier de l'aubaine, qui seraient assez fous pour frapper d'ostracisme ceux-là mêmes qui leur assurent la pâture, ainsi que des jours tranquilles et heureux.

Mais si les Monégasques ne sont pas et ne peuvent pas être hostiles aux étrangers, ni par sentiment, ni par tendance, et bien moins encore par intérêt, il est cependant indéniable que les meneurs donnèrent malgré eux un véritable caractère de xénophobie à leurs différentes manifestations. Tous leurs efforts pour essayer de démontrer le contraire et ne pas être tenus en une si cruelle suspicion, devaient naturellement demeurer stériles. On juge les gens, non pas d'après leurs affirmations ou leurs dénégations, mais seulement à leur façon de raisonner et d'agir.

Or, précisément, par leurs raisonnements et par leurs actes, les meneurs ne pouvaient prétendre à la moindre sympathie de la part des étrangers de passage ou établis dans la Principauté. En leur indifférence complète de toutes contingences qui ne pouvaient les toucher ni de près ni de loin, les premiers se contentaient de regarder, de hausser les épau-

les et de sourire en s'en allant ; quant
aux derniers, entièrement à leurs affaires et soucieux avant tout de vivre en
paix, ils n'avaient cure, par mesure de
prudence, de crier trop haut leur indi-
gnation.

Mais la presse, elle, la presse française principalement, qui a pour habitude
d'appeler les choses et les hommes par
leur nom, eut tôt fait de lâcher le gros
mot de xénophobie; pire encore : celui
beaucoup plus grave de gallophobie fut
également prononcé et imprimé.

C'est qu'en effet pour tous les métè-
ques qui avaient fait de la Principauté
un foyer d'agitation, les revendications
et les libertés à conquérir n'étaient
que prétextes. En réalité, ils ne
voyaient qu'une affaire des- plus lucratives dans le changement de régime.
Pour arriver au but, aucun moyen, fût-
ce le plus malpropre et le plus dange-
reux, ne leur répugnait. L'ignominie
n'allait pourtant pas sans danger, de

partir à·fond contre les fonctionnaires de nationalité française.

C'est ainsi que l'on put voir quelques batteurs d'estrade, improvisés du jour au lendemain membres d'un Gouvernement heureusement provisoire, réclamer à grands cris le départ du Gouverneur Général de Monaco et de son secrétaire, deux bons Français d'une honorabilité insoupçonnable et de grande valeur, que le Prince avait choisis précisément en considération de leurs hauts mérites et de leur nationalité.

Et comme le troupeau des moutons enragés joignait, suivant la coutume, ses stupides bêlements aux assourdissantes criailleries des charlatans, ceux-ci et celui-là, en dépit de toutes les protestations, devaient forcément être mis dans le même sac et confondus sous une seule étiquette, celle d'anti-français.

RAPPORT

sur l'Organisation Constitutionnelle

de la

Principauté de Monaco

PRÉSENTÉ A SON ALTESSE SÉRÉNISSIME
LE PRINCE DE MONACO PAR LA
COMMISSION DES JURISCONSULTES
FRANÇAIS

Monseigneur,

Votre Altesse Sérénissime nous a confié la mission de préparer le projet d'organisation qu'Elle a bien voulu spontanément promettre d'octroyer à ses sujets.

Avant de rechercher comment cette œuvre peut être établie, il est nécessaire de préciser les faits matériels qui caractérisent la situation de la Principauté et celle du Prince lui-même.

On ne saurait oublier qu'il ne s'agit

pas d'un pays semblable à la France, à l'Italie, à la Prusse, à toute autre unité nationale importante composée d'une population homogène de plusieurs millions d'autochtones, concentrant dans leurs mains tous les intérêts du pays, justifiant ainsi le complexe outillage politique des constitutions ordinaires.

Il en est tout autrement de la Principauté de Monaco, ainsi qu'on va le voir par un rapide examen.

Cette Principauté est complètement enclavée dans le territoire français, sauf sur sa frontière méridionale qui est ouverte vers la mer.

La population (s'élevant aujourjourd'hui à près de 20.000 habitants, alors qu'elle n'en comptait que 1.200 en 1861), a été officiellement recensée en 1908 au nombre total de 19.121 habitants, se répartissant comme suit :

Italiens 8.241
Français 7.306
Allemands 516

Suisses	391
Anglais	385
Belges	219
Autrichiens	210
Autres étrangers	371

Total des étrangers.	17.639
Monégasques	1.482

Il ressort de ces chiffres que les Monégasques représentent un douzième *de la population de la Principauté.*

Mais parmi les 1.482 *Monégasques,* 847 — *plus de la moitié* — *sont* naturalisés. *Ces* 847 *se composent de* 676 *d'origine italienne,* 95 *d'origine française et les* 76 *autres d'origines diverses.*

Il reste donc 635 *Monégasques* d'origine.

V. A. S. ayant concédé le suffrage universel, il y a quelque temps, aux Monégasques, on a pu aux dernières élections compter 448 *électeurs votants, dont* 353 naturalisés. *Ces derniers se décomposent ainsi :* 200 *d'origine italienne* 120 *d'origine française et* 33 *d'origines diverses.*

Il reste donc seulement 95 électeurs votants, Monégasques *d'origine.*

Tel est l'état de la population.

Quel est l'état de la propriété territoriale et des intérêts économiques ou commerciaux ?

La superficie de la Principauté n'atteint pas tout à fait 150 *hectares, sur lesquels* 50 *hectares environ sont couverts de* 1.300 *maisons, constituant la propriété* bâtie privée.

Reste pour la surface non bâtie *une superficie d'environ cent hectares.*

La valeur approximative de la propriété bâtie *est estimée à* 177 *millions environ* — le domaine princier non compris.

La valeur approximative de la propriété non bâtie — domaine princier non compris — *s'élève environ à cinquante millions.*

L'ensemble de cette propriété foncière bâtie *et* non bâtie *appartenant à des particuliers — c'est-à-dire le domaine princier étant exclu — évalué à une superficie totale de près de* 90 hectares *— 899.817 mètres carrés — d'une valeur totale de 227* millions *de francs, peut être considéré, d'après les renseignements officiels, comme se répartissant ainsi qu'il suit :*

Nationalités	Nombre des Propriétaires	Surface possédée bâtie et non bâtie	Valeur
		En mètres carrés	En francs
Français ...	620	430.000	115.000.000
Italiens.....	265	80.000	15.000.000
Autres étrangers et Sociétés	115	219.817	67.000.000
Ensemble ..	1.000	729.817	197.000.000
Monégasques	300	170.000	30.000.000
TOTAL....	1.300	899.817	227.000.000

Au point de vue de la propriété mobilière (considérée sous une seule de ses formes), les Sociétés anonymes régulièrement autorisées à fonctionner dans la Principauté représentaient en actions et obligations, au Ier janvier 1909, une valeur totale de 397 millions.

Sur cette somme, la part des porteurs français, d'après un tableau récapitulatif officiel, était considéré comme s'élevant, au minimum, *à 370 millions.*

Les 10.000 étrangers : Italiens, Allemands, Anglais, Suisses, etc., et les 1.482 Monégasques naturalisés et d'origine se partageaient les 27 autres millions. En attribuant aux Monégasques le tiers de ces 27 millions (et en forçant ainsi le calcul en leur faveur, on peut évaluer leur part à 9 ou 10 millions au maximum sur le total des 397 millions.

Tels sont les faits caractéristiques en présence desquels il faut se placer pour apprécier dans quelles conditions il est moralement et même matériellement

*possible d'établir une organisation cons-
titutionnelle de la Principauté.*

*Une première observation s'impose:
c'est qu'on ne saurait admettre un seul
instant l'organisation ordinaire des
pouvoirs publics comme applicable
dans un pays où la population, la propriété, les intérêts économiques sont ré-
partis ainsi qu'ils le sont dans la Principauté de Monaco.*

*D'une part la nature des choses ne
permet pas de concevoir sérieusement
une Chambre des députés, un Sénat,
des ministres responsables, tout l'appa-
reil d'un pouvoir exécutif et d'un pouvoir législatif pour un corps électoral
de 448 votants.*

*D'autre part, il serait singulièrement
irrationnel que près de 18.000 habitants ne comptassent pour rien devant
1.482 autres habitants douze fois
moins nombreux que les premiers.*

Cette impossibilité s'accuse avec plus

de force si on réfléchit à la différence plus considérable encore qui existe entre les intérêts économiques des 18.000 étrangers et ceux des 1.482 Monégasques, puisque ceux-ci possèdent à peine le 7 ou le 8 o/o de l'ensemble des biens et des intérêts économiques de la Principauté.

Si l'on croyait pouvoir trouver une solution en donnant à la population étrangère des droits justement équivalents à son importance numérique et aux intérêts qu'elle représente, on aboutirait à des difficultés insurmontables.

D'abord on livrerait la population monégasque aux résidents étrangers, ce qui n'est pas moins inadmissible que de livrer aux Monégasques les résidents étrangers, élément essentiel de la vie économique du pays. Ensuite, on bouleverserait complètement l'état de choses accepté par la France en 1861, lorsqu'elle reconnut « l'indépendance et la sou-

veraineté » du Prince de Monaco. La Principauté si profondément incorporée dans la chair française, que le gouvernement français a pu et voulu laisser sous l'entière responsabilité du Prince seul ; cette Principauté qui, tant au point de vue du droit public international qu'en réalité, était le Prince lui-même, deviendrait alors un pays gouverné en définitive non pas même par la population autochtone descendant de celle qui l'habitait au moment du traité de 1861, mais bien par une population étrangère où les Français, quelque nombreux qu'ils soient, se trouveraient cependant en sensible minorité.

Les conclusions suivantes apparaissent donc comme évidentes.

Impossibilité, même matérielle, d'établir dans un pays qui compte quelques centaines d'électeurs tous les organes et le fonctionnement du parlementarisme classique ;

Impossibilité *morale de mettre le sort d'une majorité d'habitants considérable à la merci d'une minorité ;*

Impossibilité *de mettre la population autochtone à la merci de la population étrangère.*

Impossibilité, *au point de vue international, de diminuer les garanties qu'offrait la Principauté en 1861 et en présence desquelles fut conclu le traité du 2 février.*

Il est indispensable ici de rappeler quelques faits essentiels.

Au point de vue du droit public et des relations internationales, les éléments caractéristiques particuliers de la situation de la Principauté sont nettement déterminés, d'une façon constante, par tous les événements et les traités qui se sont succédé depuis la conquête de Monaco par François Grimaldi dans la nuit du 8 juin 1297. A partir de ce moment, les « Seigneurs » de Monaco

(dont le titre est remplacé dans les ac-
tes par celui de « Prince » pour la pre-
mière fois en 1619), apparaissent com-
me investis à la fois de tous les droits
de la propriété privée et de tous les droits
régaliens, ne cessant à travers les vicis-
situdes les plus diverses, tantôt par les
armes, tantôt par les traités et conven-
tions, tantôt par acquisitions à prix
d'argent , d'étendre leur domaine et de
fortifier leur pouvoir.

C'est ainsi, par exemple, qu'on voit
Rabella Grimaldi, le 9 juillet 1338, a-
cheter pour le compte de Charles Gri-
maldi, à Nicolas Spinola, les maisons
et biens ruraux sis à Monaco et aux en-
virons, acquis des Guelfes par le roi
Charles II d'Anjou et donnés par lui
aux Spinola, en les déchargeant des re-
devances féodales ; faire, le 12 mai
1341, une nouvelle acquisition de biens,
non compris dans la première vente,
appartenant également aux Spinola,
parmi lesquels notamment des territoi-

res importants situés à l'Occident de la forteresse et comprenant le Cap-d'Ail, acheter encore, le 19 avril 1346, par acte passé devant Bertrand Sylvestre, notaire à Nice, la Seigneurie de Menton moyennant « 16.000 florins d'or fin de Florence de bon et juste poids » (sexdecim millium florenorum auri fini de Florencia, boni et justi ponderis), *payés aux frères Manuel Raffo Vento, coseigneurs de ce fief.*

En 1355, nouvelle acquisition par le Prince de Monaco, devenant ainsi propriétaire de la Seigneurie de Roquebrune, reçue des mains de Guillaume-Pierre Lascaris, des comtes de Vintimille.

Les droits d'entière souveraineté des Grimaldi et de liberté absolue dans l'usage de cette propriété souveraine de Monaco comme étant leur plein patrimoine et biens de famille se manifestent de la façon la plus précice dans les actes in-

térieurs et dans les actes internationaux.

Au point de vue intérieur, l'entière
indépendance et la pleine possession du
patrimoine familial sont accusées notamment par la réglementation scrupu-
leuse du droit successoral que font les
Grimaldi et sont marquées avec une
force particulière dans les testaments de
Jean Ier (5 avril 1454), de Catalan (4
janvier 1457), de Lambert (30 octobre
1487 et 14 mai 1493) et de Claudine
Grimaldi (23 mai 1514). Ces actes assurent la transmission exclusive et in-
tacte de la Seigneurie de Monaco par le
système des substitutions à l'infini, en
faveur de tous les descendants mâles.
Une clause impérative oblige les héritiers issus d'une femme à renoncer à
leurs noms et armes propres pour prendre ceux des Grimaldi.

Au point de vue extérieur, conjointe-
ment à ces dispositions testamentaires,
les efforts politiques des Princes jus-

qu'au XVIIe siècle, où ils aboutissent définitivement, assurent l'indépendance et la souveraineté de leur Seigneurie par rapport aux Puissances voisines. Cette situation est formellement consacrée par Charles, duc de Savoie, dès le 20 mars 1489, dans ses « lettres de sauvegarde », déclarant que les Seigneurs de Monaco « ne reconnaissent aucun suzerain » ; par Charles-Quint, dans le traité de Tordesillas (15 novembre 1524) ; par Louis XIII dans le traité de Péronne (14 septembre 1641), véritable traité de protectorat, reconnaissant les pleines « liberté et souveraineté » des Princes de Monaco, s'engageant à les maintenir et confirmant, d'autre part, « tous les privilèges successivement accordés aux Seigneurs de Monaco. »

Il faut citer ces textes importants qui ont caractérisé d'une manière saisissante les droits des Princes et les obligations qui découlent pour eux de ces *droits, dans leurs rapports avec les pays étrangers.*

TRAITÉ DE PÉRONNE

ART. VIII. — *Le Roy recevra en sa royale* protection et sauvegarde perpétuelle, *et des Roys ses successeurs, lesquels Sa Majesté obligera par le présent traité, ledit Prince de Monaco, le marquis son fils, toute sa maison et tous ses sujets et les places de Monaco, Menton et Roquebrune avec leurs territoires, juridictions et dépendances ; ensemble tous les héritiers et successeurs dudit prince et les* gardera *et* défendra *toujours contre qui que ce soit qui les voudrait indûment offenser, maintiendra* ledit Prince en la même liberté et souveraineté *qu'il le trouvera, et en* tous *les privilèges et droits de mer et de terre, et en toute autre juridiction et appartenances, de quelque sorte que ce soit, et le fera de plus comprendre en tous les traités de paix : et en outre, ledit Prince pourra faire arborer en toutes ses Places et Terres l'Etendard de*

France dans les occasions de quelque trouble des Ennemis.

ART. XII. — *Sa Majesté* confirmera audit Prince tous les privilèges anciennement accordés aux Seigneurs de Monaco, ses prédécesseurs par la couronne de France ; *et, en conséquence, de ce, Sa dite Majesté tiendra la main à ce que le droit que ledit Prince prétend dans son port de Monaco, soit payé, bien entendu, que le dit droit ait été accordé par la couronne de France* pour être exigé sur les Français, *et qu'elle ait souffert la perception pendant le temps que ledit Prince était bien avec elle.*

Le Prince de Monaco exerçait ainsi le pouvoir politique et souverain intégral en même temps qu'il jouissait de la libre disposition la plus complète de ses biens et de ses droits de toute nature. Alors que le domaine royal partout en Europe, particulièrement en France, était astreint à des règles absolues, tant au point de vue de sa disposition que de son administration, le domaine seigneu-

rial, immobilier, réel et incorporel, des Princes de Monaco, n'était soumis à aucune restriction et restait entre leurs mains aussi libre que toute autre propriété particulière.

Depuis l'avènement de Robert Ier à la Couronne de France en 988, et en vertu de la longue série d'ordonnances royales qui se suivirent depuis l'ordonnance de Philippe V (le 21 décembre 1316), en passant par celle rendue à Moulins en février 1566, et jusqu'en 1789, le domaine de la Couronne fut toujours frappé d'inaliénabilité, sauf toutefois le domaine casuel.Mais il en fut toujours autrement du domaine des Prince de Monaco, qui usèrent de leurs biens et de leurs droits, en maintes circonstances, avec la même liberté que l'eussent fait de simples particuliers.

Cette situation, cette pleine jouissance de souveraineté régalienne et de liberté individuelle apparaît donc invariable, avec toutes ses conséquences, à

*quelque époque qu'on examine l'histoi-
re de la Principauté, sous le protectorat
de la République de Gênes comme sous
le protectorat des ducs de Savoie, des
empereurs d'Allemagne, des souverains
espagnols, du roi de France, des rois de
Sardaigne et de Piémont, et, lorsque
des évènements extérieurs la troublè-
rent, pendant quelque temps, elle fut
toujours rétablie après ces crises passagères.*

*C'est ainsi que, après la main mise de
la Révolution française en 1792, le traité de Paris du 30 mai 1814 replaça la
Principauté de Monaco dans la même
situation qu'auparavant sous le protectorat de la France, et que le traité de
Vienne, le 20 novembre 1815, stipula
dans la section quatrième de l'article
premier, le même principe mais sous le
protectorat du roi de Sardaigne, — protectorat qui fit l'objet du traité de Stu-
piniggi, signé le 8 novembre 1817.*

Ce dernier traité notamment dans les

articles 6, 10, 14, proclame à nouveau, comme l'avait fait le traité de Péronne en 1641, la « liberté et la souveraineté » *entière du Prince de Monaco dans le gouvernement de* « Son peuple » *comme dans l'administration de* « Ses biens », *garantissant ces droits en les déclarant placés sous* « la protection et sous la sauvegarde perpétuelles » *du roi de Sardaigne.*

Tel était l'état des choses lorsque, après la guerre de 1859, par le traité de Turin, du 24 mars 1860, la Sardaigne céda la Savoie et le comté de Nice à la France.

Un plébiscite devant sanctionner cette cession, le gouverneur italien de Nice appela au vote les communes de Roquebrune et de Menton en même temps que les communes du comté, et les électeurs se prononcèrent en faveur de l'annexion.

Aussitôt, par lettres des 10 et 11 avril 1860, le Prince de Monaco, Charles III, protesta auprès de l'empereur Napoléon III. Il soutint que lui seul possédait le droit de céder une partie intégrante de ses Etats, que le vote des habitants de Menton et de Roquebrune, quelque unanime qu'il eût paru, ne pouvait porter aucune atteinte à son droit exclusif.

*En revendiquant ainsi son droit per*sonnel, *le Prince de Monaco ne faisait qu'invoquer le principe du droit public, intégralement conservé dans ses mains, attribuant à lui* seul *le pouvoir d'aliéner tout ou partie de la propriété et de la souveraineté d'une* nature spéciale *qu'il possédait pleinement, et en vertu de laquelle ce n'était ni le consentement d'une assemblée, ni celui de « tout le peuple » qui pouvait valoir, mais seulement le sien.*

Le Gouvernement français, quoique fondé lui-même sur le principe plébiscitaire, le reconnut.

Des négociations s'ouvrirent et le 2 février 1861, par traité régulier, le

Prince de Monaco, Charles III, céda à la France Menton et Roquebrune, moyennant une indemnité personnelle de quatre millions, qui fut versée entre ses seules mains par le Gouvernement français.

Celui-ci en admettant le bien-fondé des réclamations du Prince, avait ainsi constaté qu'il se trouvait en présence d'un droit auquel il n'aurait pu porter atteinte que par un abus de la force.

Mais alors une question se présenta.

Le roi de Sardaigne, en cédant le Comté de Nice, en appelant lui-même, par son gouverneur de Nice, Menton et Roquebrune à voter, avait abandonné le protectorat de Monaco.

Le Prince, désormais réduit à son seul patrimoine de Monaco, se trouvait aussi étroitement enclavé qu'auparavant, mais en France.

Allait-il demander, comme son ancêtre à Louis XIII, le protectorat de la

France ? Celle-ci allait-elle offrir elle-même son protectorat au Prince ?

Ni l'un ni l'autre ne crurent devoir suivre cette politique.

Le Prince savait que son indépendance et ses droits n'avaient plus rien à redouter, comme parfois jadis, de ses anciens voisins, et seraient toujours respectés par la France.

Le Gouvernement français, comprenant assurément la nécessité pour ses propres intérêts de voir régner l'ordre public dans la Principauté, mais comprenant aussi quelles garanties particulières lui présentait, notamment à ce point de vue, la pleine autorité du Prince, jugea préférable pour la France de laisser ce dernier dans l'exercice intégral de ses pouvoirs et de ses droits héréditaires, consacrés par tant de traités.

C'est pourquoi, au Corps législatif, le rapporteur du projet de loi qui accor-

dait le crédit stipulé dans le traité du 2 février 1861, après avoir exposé les faits, notamment le vote de Menton et de Roquebrune, s'exprimait ainsi :

Ce fait tout flatteur qu'il fût pour la France ne pouvait être accepté par elle comme régulièrement accompli. *Il y manquait la sanction d'une des parties, et le Cabinet des Tuileries..... devait et voulait* respecter des droits établis par les traités.

L'empereur a voulu que cet acte fût légal, régulier, *incontestable.....*

C'est une nation de 40 millions d'âmes, traitant d'égale à égale avec une Principauté de 1.200 habitants ; c'est un puissant souverain respectant le droit d'un souverain *dans la* personne *du plus faible d'entre eux.*

C'est pourquoi encore, en 1891, le ministre des Affaires étrangères de la République Française disait à la tribune : « La Principauté de Monaco est absolument indépendante ; *son indépendance a été reconnue* et ce n'est pas la France qui a intérêt à la laisser mettre en doute.

C'est aussi pourquoi on s'aperçoit clairement maintenant comment nulle organisation constitutionnelle ne pourrait diminuer « la liberté et la souveraineté » des Princes de Monaco sans altérer ipso facto, *presque jusqu'à la faire disparaître la personnalité même avec laquelle les gouvernements étrangers ont contracté, et sans compromettre par conséquent, de la façon la plus grave, l'indépendance et les intérêts de la Principauté et des Monégasques eux-mêmes.*

A quelque point de vue qu'on se place, il est ainsi de toute évidence que l'organisation constitutionnelle à établir ne saurait reproduire les constitutions ordinaires des autres pays, mais ne peut qu'être adaptée exclusivement aux conditions toutes spéciales où se trouve la Principauté.

Le seul terrain sur lequel il soit pos-

sible de trouver des institutions nouvelles donnant satisfaction à tous les intérêts légitimes en présence, n'en blessant aucun ni dans la Principauté ni dans son voisinage, et laissant subsister les droits nécessaires pour l'observation des traités, c'est donc, d'une part, celui des droits et des libertés qui doivent appartenir aujourd'hui à tous les citoyens d'un pays civilisé ; d'autre part, celui des intérêts locaux.

C'est en s'inspirant de ces principes, en se conformant aux exigences des réalités locales dominantes, qu'on peut établir aujourd'hui l'organisation constitutionnelle dont nous avons l'honneur de remettre le projet à V. A. S.

Le **PROJET DE CONSTITUTION** *est divisé en sept Titres, ainsi déterminés :*

*Titre I*er *:* **Le Prince, le Territoire, le Domaine.**

Titre II : **Les Droits publics.**

Titre III : **Le Gouvernement.**

Titre IV : **Le Conseil d'Etat.**

Titre V : **Le Pouvoir législatif.**

Titre VI : **Les Communes.**

Titre VII : **La Justice.**

TITRE PREMIER

Dans ce titre, la simple lecture des articles Ier et 2e est suffisante; les dispositions concernant l'article 3, relatif au Domaine public, sont les seules qui appellent quelque explication.

Celles que nous avons déjà données sur les origines des possessions et des droits du Prince ont établi suffisamment le caractère patrimonial de ses biens de toutes natures. Il convient cependant de les compléter ici.

Dans les conditions où ils se trouvaient, les Princes furent toujours libres d'aliéner en tout ou en partie le domaine dont ils étaient les maîtres absolus par droit de conquête, de succession, d'ac-

quisition, ou par force de traités. Le testament d'Isabelle Grimaldi, du 8 Juillet 1417, reconnaît la possibilité pour ses hoirs de vendre ou échanger entre eux la terre de la Condamine. Dans la suite, les Grimaldi furent amenés à vendre ou à projeter de vendre à un étranger leur seigneurie patrimoniale.

Jean Grimaldi céda Monaco à Philippe-Marie Visconti, duc de Milan, le 6 octobre 1442; mais le duc ne put conserver cette acquisition et la rendit à son ancien possesseur de 1436, sous réserve de l'hommage. Cette réserve, qui constituait une violation de la souveraineté du seigneur de Monaco, n'eut pas de suite, un arbitrage ayant remis bientôt les choses dans l'état où elles étaient avant la vente — 1441. Dix ans plus tard, en 1451, le même Jean Grimaldi vendit encore Monaco au futur Louis XI, dauphin du Viennois, qui essayait alors de s'immis-

cer dans les affaires d'Italie, mais la place ne fut pas livrée.

Le cas de 1861 a été rappelé plus haut. Il faut ici préciser certains détails, montrant que l'indemnité de quatre millions payée au Prince n'eut rien d'arbitraire, mais fut calculée pour ainsi dire, comme en matière d'expropriation privée. Le rapport présenté au Corps législatif et la discussion du projet de loi fournissent à cet égard les indications les plus précises et d'une portée décisive.

Le cession de Menton et de Roquebrune par le Prince fut absolument considérée par le Gouvernement français comme une cession de patrimoine personnel. Menton et Roquebrune s'étaient en quelque sorte séparées de fait de la Principauté, depuis 1848 ; on raisonna cependant sans tenir compte de cette séparation, en considérant uniquement le droit, et l'on évalua la perte personnelle du Prince.

« ... Si l'on se reporte — dit le rap-

port du baron Mariani — au chiffre des revenus que percevait le Prince avant 1848 et qui, en déduisant les charges, s'élevait à 190.000 francs, on arrive à la fixation possible de 4 millions ».

Dans la discussion, le même rapporteur fit un autre calcul. Il chercha ce que produiraient pour la France les deux communes cédées par le Prince. Il évalua ce produit à 45 francs par tête d'habitant, multiplia cette somme par le nombre des annexés — 7.100 — et conclut :

«... Vous arrivez ainsi à plus de 300.000 fr. (45 × 7.000 = 315.000). Ce chiffre correspond à un capital plus fort que celui que nous donnons aujourd'hui ».

On rappela que cette méthode de calcul avait été précisément celle adoptée par la France, choisie comme arbitre entre le Piémont et le Prince de Monaco, à raison des dommages subis par celui-ci depuis 1848 par la séparation de Menton et de Roquebrune. La méthode avait été acceptée par les deux parties ; le compte avait été établi, et le capital correspondant à ce produit annuel de 300.000 francs allait être payé au Prince par le Piémont au moment où éclata la guerre de 1859. Le chiffre de quatre millions, sur lequel le Prince s'était mis d'accord avec la France, était donc notablement inférieur à celui de la convention préparée antérieurement avec la Sardaigne et, par conséquent, « bien loin d'être exagéré », concluait le rapporteur. Aussi le projet de loi fut-il adopté par 235 voix contre 6.

Le caractère individuel du Domaine des Princes de Monaco étant ainsi établi d'une façon constante, certaine, comme étant dans son entier la libre propriété privée du souverain, il devient impossible d'établir de distinctions entre ce qui serait à Monaco le Domaine particulier du Prince et le Domaine public de l'Etat. A la vérité, l'une et l'au-

tre expression se trouvent employées dans le Code civil de la Principauté — art. 432, 433, 434 pour le Domaine public ; art. 435, 436 pour le Domaine du Prince. — Mais dans la réalité des faits, cette distinction se trouve dépourvue de sanction pratique. Qu'il s'agisse des chemins, routes, places, etc., du lit des torrents, dont il est question aux articles 432 et 433, ou des biens vacants, des terrains déclassés et des remparts, dont parlent les art. 435 et 436, le droit du Prince sur ces domaines est absolu et souverain. C'est le Jus utendi et abutendi, *avec toutes ses conséquences, et, au premier chef, le droit d'aliénation.*

Il a paru cependant à V. A. S. qu'en concédant une Constitution, il lui appartenait de faire le départ entre ce qui serait à l'avenir le Domaine privé — propriété du Prince — et le Domaine public — propriété de l'Etat — et de donner ainsi une portée pratique à la distinction théorique établie par les articles du Code civil rappelés ci-dessus.

De cette décision de V. A. S. et des principes rappelés, une triple conséquence découle, savoir :

1° *Que le Domaine* public *ne peut être constitué que par* prélèvement sur le Domaine privé ;

2° *Que le Domaine* public *est constitué par acte souverain du Prince comportant un don gratuit à ses sujets ;*

3° *Que l'établissement réel du Domaine public étant une conséquence du nouvel état de choses, c'est dans la Loi Constitutionnelle elle-même que doivent être indiqués les immeubles donnés par le Prince au Domaine public de la Principauté.*

Il y a plus. Si V. A. S. a renoncé aux droits qu'Elle tient de ses ancêtres sur les biens qu'Elle affecte au Domaine public, c'est pour qu'à l'avenir ces biens ne puissent être détournés de leur destina-

tion, qu'ils demeurent affectés au service de la collectivité. Il est donc indispensable que ces biens soient dans la donation que vous en faites, frappés d'inaliénabilité et d'imprescriptibilité.

Ceci dit, le criterium *adopté pour le prélèvement à effectuer sur votre Domaine privé serait le suivant :*

« *Feront partie du Domaine public les immeubles affectés à un service municipal, et ceux dont il est question aux articles 432 et 433 du Code civil — l'article 434 se trouvant sans application puisque Monaco a cessé d'être une forteresse.* »

En conséquence, à la lumière de ce critérium, une ordonnance spéciale, interprétative et explicative de l'article 3 de la loi constitutionnelle déterminera dans le plus bref délai quels immeubles nominativement désignés seront prélevés sur le domaine privé pour constituer le domaine public, étant entendu dès à présent que devront être maintenus dans le domaine privé les rues et chemins de la Principauté qui sont le prolongement des routes françaises.

Nous n'avons envisagé jusqu'ici que le patrimoine immobilier de V. A. S. Il nous faut nous occuper maintenant des revenus de toute nature de la Principauté. Il est aisé d'apercevoir qu'ils sont, au même titre que le Domaine, la propriété personnelle du Prince. Ce qui s'est passé en 1861 suffit pour le démontrer d'une manière irréfutable. Comme on l'a vu plus haut, le rapporteur du Corps législatif, pour évaluer l'indemnité qui devrait être payée au Prince à raison de la cession de Menton et de Roquebrune, s'est reporté à ce que « percevait le Prince » avant 1848 par tête d'habitant. Il a donc considéré et la France comme la Sardaigne, d'une part, et la Principauté de l'autre, ont considéré avec lui que tous les revenus, de quelque nature qu'ils fussent, que percevait le Trésor, étaient la propriété du Prince, auquel seul incombait l'obligation de faire face aux besoins du pays. Ces droits et ces obligations du Prince de Monaco n'ont pas changé et ne peuvent pas changer.

Il a été, en effet, démontré plus haut, et il convient de le répéter, que dans l'Etat sui generis qu'est Monaco, le système gouvernemental des grands Etats ne saurait s'établir.

La Principauté, on l'a vu, est un Etat unique dans le présent :

1° Par l'exiguïté de son territoire ;

2° Par le nombre infime de ses nationaux eu égard à celui des étrangers qui y sont fixés ;

3° Par la disproportion entre les biens et valeurs appartenant aux Monégasques et ceux appartenant aux étrangers ;

4° Par ce fait que, tout en étant pleinement indépendant, le Prince est à Monaco personnellement garant envers les pays étrangers avec lesquels il a traité et notamment avec la France, dans laquelle son pays est enclavé, d'un état de choses accepté par celle-ci.

Le Prince de Monaco a la charge de maintenir l'équilibre entre ses sujets autochtones et naturalisés, très faibles numériquement et financièrement, mais justement désireux, parce que Monégasques, de participer à l'administration de la cité, et les étrangers, les plus forts par le nombre, par les biens, par les intérêts, et soucieux de leur sauvegarde. Il est l'arbitre entre des droits également respectables. Il est le répondant, le trustee en quelque sorte, envers les différents pays dont les nationaux forment l'immense majorité de la population de la Principauté, surtout envers celui de ces pays qui l'entoure presque de tous côtés, du respect des droits de ces nationaux. Tout cela lui crée une situation personnelle unique, dont il ne peut se décharger et qu'il ne peut di-

minuer. Il ne peut partager sa responsabilité avec personne, ni avec les Monégasques parce que trop peu nombreux, ni avec les étrangers, parce qu'étrangers.

Sans invoquer même les droits historiques du Prince, en considérant uniquement les nécessités du temps présent, ce sont elles qui imposent les règles à suivre, les limites à respecter dans les concessions désirées par V. A. S. elle-même.

Vous avez voulu prélever sur votre domaine privé une très grande partie des immeubles qui le composent afin de constituer le domaine public du pays. Le dessaisissement qui résulte pour vous de cette affectation nouvelle, en renonçant à votre droit d'aliénation, est des plus importants et peut s'évaluer à un nombre considérable de millions.

Il reste à examiner la question de la « liste civile » dont a parlé V. A. S.

dans son désir d'établir une distinction entre les dépenses locales et les dépenses d'ordre général et de souveraineté. Ici, il est impossible de ne pas faire remarquer que l'expression de « liste civile » ne peut pas trouver logiquement sa place dans le cas particulier de la Principauté.

En effet, « liste civile » implique un caractère et un fait essentiel : c'est que le souverain ne pouvant suffire par son propre domaine à toutes les diverses charges de sa maison, est forcé de les faire supporter directement par ses sujets. Cette nécessité est même l'unique origine des « listes civiles », dont la première apparaît en Angleterre, en 1660, votée par le « Parlement Convention » en faveur du roi Charles II, privé de toutes ressources.

Aujourd'hui dans tous les pays où figure une « liste civile », ou même une simple « dotation » républicaine, les ressources en sont fournies par des im-

pôts que supportent les contribuables. En Angleterre, en Italie, en Prusse, en Belgique, en Espagne, etc., partout où existe une « liste civile », elle est payée par la population, dont les représentants élus l'ont votée.

Il en est de même pour les traitements des Présidents de République en France, en Suisse, aux Etats-Unis, etc.

Or, la situation est précisément toute contraire dans la Principauté, où c'est le Prince qui pourvoit aux dépenses publiques par les produits et revenus de son domaine, tandis que les Monégasques sont exempts d'impôts directs, comme du service militaire.

La France a déclaré, en 1861, que les électeurs de la Principauté ne pouvaient pas disposer de leur statut national, ce droit appartenant au Prince; une Constitution saurait donc encore moins les déclarer maîtres de disposer de ressources qu'ils n'ont point fournies et qui ne leur appartiennent pas. Ainsi la pensée de V. A. S. ne peut se réaliser par l'emploi du mot « liste civile » sans en dénaturer absolument la signification juridique et politique ; il serait à la fois un non-sens et un contre-sens. Mais rien n'est plus simple que d'accomplir en réalité Vos intentions. Il suffit de répartir en grandes catégories distinctes les dépenses de la Principauté.

On établirait ainsi, d'une façon rationnelle en employant les termes exacts du langage financier, la séparation désirée et promise par V. A. S. Voici d'ailleurs quelle pourrait être cette répartition, conforme à la nature des choses :

PREMIÈRE PARTIE

Chapitre 1ᵉʳ. — Dépenses de souveraineté. *— Comprenant les charges de la maison princière et de tout ce qui s'y rapporte, les dotations, les pensions, les frais du gouvernement, de la représen-*

*tation diplomatique, de la sûreté pu-
blique, des cultes, de la justice et autres analogues.*

DEUXIÈME PARTIE

Chapitre Ier. — Dépenses d'intérêt
national. — *Comprenant les travaux
publics, l'assistance, l'hygiène, l'instruction publique, les beaux-arts, etc.*

Chapitre II. — Dépenses communa-
les. . . . .

*La première partie serait analogue à
celle du budget de l'Angleterre inscrite
sur le titre de* Consolidated Fund Services.

*La deuxième partie correspondrait à
celle du même budget, intitulée* Supply
Services *et discutée chaque année.*

*On instituerait ainsi un ordre budgé-
taire méthodique, naturel, clair, adéquat
aux réalités, simplifiant le fonctionnement de tous les services.*

Cette conception fait l'objet de l'art.

4 *du Projet d'organisation constitutionnelle.*

TITRE II

Les dispositions du Titre II se passent de commentaires. Elles consacrent les droits essentiels de tout citoyen dans tout pays libre, droits reconnus comme en Belgique, comme en Suisse, en Angleterre comme aux Etats-Unis : liberté individuelle, liberté de la presse, liberté religieuse, droit de propriété, se trouvant non seulement proclamés mais garantis par un recours devant la Cour Suprême.

Au début de la Révolution française, Dupont de Nemours disait à la tribune de l'Assemblée Nationale :

« *La* Déclaration des Droits *est le véritable acte constitutionnel et tout le reste n'en est que le commentaire.* »

Cette œuvre essentielle est pleinement accomplie par le Titre II du projet, ainsi qu'il apparaît à la lecture des articles.

TITRE III A VII

Dans l'allocution adressée le 16 novembre 1910 aux délégués monégasques, V.A.S. a exprimé son intention d'associer les habitants de la Principauté à la gestion des intérêts nationaux tout en sauvegardant le respect absolu de l'autorité tutélaire qui est la garantie de l'indépendance et de l'existence même du pays.

Le projet que nous avons élaboré s'inspire de cette double pensée.

L'institution d'un ministre d'Etat, représentant de V. A. S., spécialement chargé des relations extérieures de la Principauté, assisté de trois conseillers du gouvernement — titre III — et d'un Conseil d'Etat — titre IV — répond à l'organisation du pouvoir exécutif telle qu'elle existe dans la plupart des monarchies représentatives.

La population monégasque est représentée à la fois dans le Conseil national qui partage avec V.A.S. l'exercice du pouvoir législatif — (titre V) — et dans les Conseils communaux spécialement chargés des intérêts propres à chaque région de la Principauté — (titre VI).

La distinction des intérêts généraux et des intérêts communaux s'impose, en effet, dans une Principauté où, comme à Monaco, l'élément étranger tient une si grande place. A ces intérêts généraux, le Prince, arbitre suprême et impartial, et le Conseil national, élu par les citoyens monégasques, auront la mission de pourvoir ; c'est ainsi que le Conseil national sera appelé à délibérer, notamment sur les travaux publics, sur les services d'instruction publique, d'hygiène, d'assistance et d'autres intéressant la Principauté tout entière.

Quant aux intérêts locaux communaux, ils seront confiés à trois Conseils correspondant aux trois divisions géographiques de la Principauté et chargés de veiller à des intérêts dont la va-

riété toujours croissante réclame une
représentation distincte. Chacune de
ces communes nouvelles aura à sa tête
un maire et un adjoint élu par le Conseil. Les Conseils communaux auront,
pour les services et les besoins particuliers de la commune, la gestion des fonds
qui leur seront attribués, chaque année,
par le Conseil national sur les crédits
mis à sa disposition par la Trésorerie de
la Principauté.

L'organisation judiciaire est mainte-
nue telle que l'ont faite des ordonnances récentes, sauf l'institution du Tribunal suprême, qui donnera aux habitants
de la Principauté, pour tous leurs droits
proclamés par le titre II de la Consti-
tion, la garantie d'un recours judiciaire — (titre VII).

Telles sont, Monseigneur, les dispositions qui nous paraissent de nature à
donner satisfaction aux graves intérêts engagés dans la question constitu-

tionnelle de la Principauté de Monaco. Nous les soumettons avec confiance à l'appréciation de Votre Altesse Sérénissime et nous La prions d'agréer l'expression de notre profond respect.

Louis RENAULT,
Membre de l'Institut
Professeur de droit International
à la Faculté de Paris,
Membre de la Cour permanente d'arbitrage de la Haye.

Jules ROCHE,
Avocat,
Ancien Ministre,
Député.

André WEISS,
Professeur de droit International à la Faculté de Paris,
Membre de l'Institut de droit International.

LOI CONSTITUTIONNELLE

PORTANT ORGANISATION

de la Principauté de Monaco

—

NOUS, ALBERT 1er

PAR LA GRACE DE DIEU

PRINCE SOUVERAIN DE MONACO

Avons volontairement, et par le libre exercice de notre autorité souveraine, accordé et accordons à nos sujets, tant pour nous que pour nos successeurs, l'organisation constitutionnelle qui suit :

TITRE PREMIER

Le Prince - Le Territoire
Le Domaine

Article Premier. — La Principauté de Monaco forme un Etat indépendant.

Art. 2. — La liberté et la Souveraineté du Prince sont telles qu'elles ont été reconnues et consacrées de tous temps par les traités internationaux, notamment par les traités conclus entre la France et la Principauté, le 14 septembre 1641 et le 2 février 1861.

Art. 3. — Le domaine public de la Principauté est constitué par prélèvement sur le domaine privé du Prince. Il est inaliénable et imprescriptible.

Font partie du domaine public, les rues, places et chemins de la Principauté sous la condition qu'ils demeureront toujours affectés à la circulation publique, et exception faite des rues et chemins qui sont le prolongement de routes françaises.

En font également partie, en sus des immeubles dont il est parlé aux articles 432 et 433 du Code Civil, les terrains et bâtiments qui seront énumérés dans l'ordonnance qui sera rendue par le Prince dans un délai de trois mois en exécution des présentes.

Art. 4. — Le Prince pourvoit aux besoins de la Principauté, à l'aide des recettes, revenus et produits du domaine privé ou public, réel ou incorporel.

Les Dépenses de la Principauté sont divisées en deux parties :

La première partie intitulée *Services Consolidés,* comprend les «Dépenses de Souveraineté»,savoir notamment les charges de la famille princière, de la maison du Prince avec tout ce qui s'y rapporte, les dotations, les pensions, les frais du Gouvernement, de la Représentation diplomatique, de la sûreté publique, des Cultes, de la Justice et autres analogues.

La deuxième partie, intitulée *Services intérieurs,* comprend :

1° Les Dépenses d'intérêt national déterminées à l'article 33 de la présente Constitution ;

2° Les Dépenses communales.

TITRE II

Les Droits Publics

Art. 5. — Les Monégasques sont égaux devant la Loi. Il n'y a pas entre eux de privilèges.

Sont Monégasques :

1° Tout individu né, dans la Principauté ou à l'étranger, d'un père Monégasque.

L'enfant naturel, dont la filiation est établie pendant sa minorité par reconnaissance ou par jugement, suit la nationalité de celui de ses parents à l'égard duquel elle a d'abord été constatée. Si elle résulte, à l'égard du père et de la mère, d'actes ou de jugements concomitants, l'enfant suit la nationalité du père ;

2° La femme étrangère qui épouse un sujet Monégasque ;

3° Tout étranger naturalisé.

La naturalisation est accordée par Ordonnance souveraine après enquête sur la moralité et la situation du postulant.

Peuvent être naturalisés :

A) L'étranger qui justifie d'une résidence de dix années dans la Principauté, après qu'il a atteint l'âge de vingt et un an accomplis ;

B) L'étranger qui a obtenu du Prince l'autorisation d'établir son domicile dans la Principauté, conformément à l'article 13 du Code Civil, après trois ans de domicile à dater de la promulgation de l'Ordonnance d'autorisation.

Il n'est pas porté atteinte aux droits acquis jusqu'à ce jour.

Art. 6. — La liberté individuelle est garantie. Nul ne peut être poursuivi que dans les cas prévus par la loi et dans la forme qu'elle prescrit.

Hors le cas de flagrant délit, nul ne peut être arrêté qu'en vertu de l'Ordonnance motivée du juge, qui doit être signifiée au moment de l'arrestation, ou au plus tard, dans les vingt-quatre heures.

Art. 7. — Nulle peine ne peut être établie ni appliquée qu'en vertu de la loi.

Art. 8. — Le domicile est inviolable ; aucune visite domiciliaire ne peut avoir lieu que dans les cas prévus par la loi et dans la forme qu'elle prescrit.

Art. 9. — La propriété est inviolable. Nul ne peut être privé de sa propriété que pour cause d'utilité publique, dans les cas et de la manière établis par la loi et moyennant une juste et préalable indemnité.

Art. 10. — La liberté des cultes, celle de leur exercice public, ainsi que la liberté de manifester ses opinions en toute matière, sont garanties, sauf la répression de délits commis à l'occasion de l'usage de ces libertés.

Art. 11. — Nul ne peut être contraint de

concourir d'une manière quelconque aux actes et aux cérémonies d'un culte ni d'en observer les jours de repos.

Art. 12. — Les Monégasques ont le droit de se réunir paisiblement et sans armes, en se conformant aux lois qui peuvent régler l'exercice de ce droit, sans néanmoins le soumettre à une autorisation préalable. Cette disposition ne s'applique point aux rassemblements en plein air, qui restent entièrement soumis aux lois de police.

Art. 13. — Chacun a le droit d'adresser aux autorités publiques des pétitions signées par une ou plusieurs personnes.

Art. 14. — Un Tribunal Suprême est institué pour statuer sur les recours ayant pour objet une atteinte aux droits et libertés consacrés par le présent titre.

TITRE III

Le Gouvernement

Art. 15. — Le Gouvernement de la Principauté est exercé, sous la haute autorité du Prince, par un Ministre d'Etat, assisté d'un Conseil.

Art. 16. — Le Ministre d'Etat représente le Prince ; il est spécialement chargé des relations extérieures de la Principauté ; il a la disposition de la force publique ; il dirige les services judiciaires ; il préside, avec voix prépondérante, le Conseil de Gouvernement ; il préside aussi le Conseil d'Etat.

Art. 17. — Le Conseil de Gouvernement comprend sous la présidence du Ministre d'Etat, trois conseillers, nommés par le Prince, et placés chacun à la tête d'un des trois départements suivants :

1° INTÉRIEUR (Police générale, Sûreté publique, Instruction publique et Beaux-Arts, Cultes, Hôpitaux et Etablissements de bienfaisance, Tutelle administrative des Communes) ;

2° FINANCES (Budget national, Enregistrement, Administration du fonds de réserve, Domaines, Trésorerie, Perceptions diverses, Rapports avec les Sociétés à Monopole, Tutelle financière des Communes) ;

3° TRAVAUX PUBLICS ET AFFAI-

RES DIVERSES (Voirie et Travaux publics, Hygiène et Salubrité publiques, Port).

Art. 18. — Des Chambres ou Comités techniques pourront être institués par Ordonnance du Prince pour seconder les Conseillers du Gouvernement dans l'exercice de leurs attributions.

TITRE IV

Le Conseil d'Etat

Art. 19. — Le Conseil d'Etat comprend le Ministre d'Etat, président ; le Secrétaire d'Etat, les trois conseillers de Gouvernement, le premier Président de la Cour d'Appel et le Procureur général.

Art. 20. — Le Conseil d'Etat est chargé de la préparation des projets de lois et d'Ordonnances qui seront soumis à son examen par le Prince ; il examine, prépare chaque année, et fait approuver par le Prince le projet de budget des dépenses de la Principauté.

TITRE V

Le Pouvoir Législatif

Art. 21. — Le pouvoir législatif est exercé par le Prince et par un Conseil national.

Art. 22. — Le Conseil national se compose de vingt et un membres élus pour quatre ans, au suffrage universel direct, et au scrutin de liste pour toute la Principauté.

Art. 23. — Le bureau du Conseil national comprend un président et un vice-président, choisis chaque année par le Prince parmi les membres du Conseil.

Art. 24. — Le Conseil national arrête son règlement intérieur qui doit être approuvé par le Prince.

Art. 25. — Le Conseil national se réunit, chaque année, en deux sessions ordinaires, en mai et en octobre, sur la convocation du Gouvernement princier.

Chacune de ces sessions aura au plus une durée de quinze jours.

Art. 26. — Le Prince prononce la clôture des sessions. Il peut aussi convoquer le Conseil en sessions extraordinaires.

Art. 27. — Le Prince peut, après avoir pris l'avis du Conseil d'Etat, prononcer la dissolution du Conseil national ; dans ce cas, il sera procédé à la nouvelle élection dans le délai de trois mois.

Art. 28. — Le Prince communique avec le Conseil national, par des Messages qui sont lus par le Ministre d'Etat.

Art. 29. — Le Ministre d'Etat et les Conseillers de Gouvernement ont leurs entrées et leurs places réservées au Conseil national. Ils doivent être entendus quand ils le demandent.

Art. 30. — L'initiative et la sanction des lois appartiennent au Prince. Le Prince leur confère la force obligatoire par une promulgation.

Art. 31. — Le Conseil national a la faculté de demander au Prince de proposer une loi sur un sujet déterminé, mais en indiquant, sous forme d'avant-projet, notamment en matière de travaux, les dispositions qui pourraient y trouver place, et les voies et moyens d'exécution.

Art. 32. — Aucune contribution directe ne peut être établie que sur le vœu du Conseil national.

Art. 33. — Les dépenses soumises aux délibérations du Conseil national concernent :

1° Les Travaux Publics ;

2° Les services de l'Instruction Publique et des Beaux-Arts ;

3° Les services hospitaliers, d'Hygiène, de Bienfaisance.

Art. 34. — Il sera pourvu à ces dépenses au moyen de crédits prélevés sur les ressources générales de la Trésorerie.

Lorsque les opérations budgétaires auront laissé des reliquats disponibles sur les prévisions, ces reliquats, au lieu de tomber en annulations de crédits, seront versés dans un fonds de réserve, à la formation initiale duquel le Prince contribue par un don de un million de francs.

Art. 35. — Le Conseil national détermine au cours de la session d'octobre et pour l'exercice commençant le premier janvier suivant les sommes qui pourront être laissées à la disposition des Conseils communaux en vue des services, des travaux et des dépenses d'intérêt local, rentrant dans leurs attributions.

Art. 36. — Dans le cas où le budget des dépenses de la Principauté n'aurait pas été arrêté en temps utile par le Conseil national, il y sera pourvu par Ordonnance souveraine, en prenant pour base les chiffres de l'année précédente.

TITRE VI

Les Communes

Art. 37. — Le Territoire de la Principauté est divisé en trois communes, correspondant aux agglomérations de Monaco, de la Condamine et de Monte-Carlo, et ayant chacune à sa tête un corps municipal.

Art. 38. — Le Corps municipal se compose, dans chaque commune, d'un Conseil communal, d'un maire et d'un adjoint.

Art. 39. — Le Conseil communal comprend neuf membres, élus pour trois ans au suffrage universel direct, et au scrutin de liste.

Il n'existe aucune incompatibilité entre le mandat de Conseiller communal et celui de Conseiller national.

Art. 40. — Le Conseil communal se réunit, tous les trois mois, en session ordinaire. La durée de chaque session ne peut se prolonger au-delà de huit jours.

Art. 41. — Des sessions extraordinaires peuvent en outre être tenues sur la réquisition ou avec l'autorisation du Ministre d'Etat, pour des objets déterminés.

Art. 42. — Les Conseils communaux peuvent être dissous par arrêté du Ministre d'E-tat, après avis du Conseil d'Etat.

Art. 43. — En cas de dissolution d'un Conseil communal, une délégation spéciale est chargée par le Ministre d'Etat d'en remplir les fonctions jusqu'à l'élection d'un nouveau Conseil. Il est procédé à cette élection dans les trois mois.

Art. 44. — Le Conseil communal est présidé par le maire, ou, à défaut, par l'adjoint ou le conseiller qui le remplace suivant l'ordre du tableau.

Art. 45.— Le Conseil communal délibère sur les affaires de la commune. Ses délibérations, communiquées au Ministre d'Etat, sont exécutoires dix jours après cette communication, sauf opposition de sa part.

Art. 46. — Le Conseil communal statue de la manière prévue à l'article précédent sur les matières ci-après :

1° Organisation et fonctionnement des services locaux ; règlements de police municipale locale, d'hygiène, de prévoyance sociale locale ;

2° Projets de nivellement et d'alignement de la voie publique dans l'étendue de la commune ;

3° Projets de construction d'édifices communaux ;

4° Budget communal.

Art. 47. — Le budget de la commune est alimenté par le produit des propriétés communales et par les sommes mises chaque année, par le Conseil national à la disposition de la commune.

Art. 48. — Le maire et l'adjoint sont élus par le Conseil communal, parmi ses membres, au scrutin secret et à la majorité absolue des suffrages. Cette élection doit avoir lieu dans le mois qui suit celle du Conseil communal.

Si, après deux scrutins, aucun candidat n'a

obtenu la majorité requise, il est procédé à un scrutin de ballottage entre les deux candidats qui ont réuni le plus de suffrages.

En cas d'égalité le plus âgé est nommé.

La séance dans laquelle l'élection a lieu est présidée par le plus âgé des membres présents du Conseil communal.

Art. 49. — Le maire est l'agent de l'autorité supérieure pour l'exécution des lois et règlements. Il est l'agent et le représentant de la commune pour la conservation et l'administration de ses propriétés, pour l'exécution des délibérations du Conseil municipal, et pour la direction des services municipaux. Il représente la commune en justice. Il est officier de l'Etat-Civil.

En cas d'absence ou d'empêchement, le maire est remplacé par l'adjoint, ou, à son défaut, par un conseiller communal en suivant l'ordre du tableau.

Art. 50. — Jusqu'à concurrence des sommes allouées au Conseil communal, il sera ouvert des crédits au maire en sa dite qualité, à la Trésorerie de la Principauté.

Art. 51. — Le maire seul peut délivrer des mandats payables à la Trésorerie, dans la mesure de ces crédits, soit à son nom, soit au nom de toute autre personne.

Néanmoins, s'il refusait de mandater une dépense régulièrement autorisée et liquide, il y serait pourvu par le Ministre d'Etat dont l'arrêté tiendrait lieu de mandat du maire.

Art. 52. — Les comptes de l'administration financière du maire pour l'année écoulée sont par lui présentés au Conseil communal au début de l'année nouvelle.

Ils devront être soumis à l'approbation du Ministre d'Etat.

Art. 53. — Dans le cas où le maire refuserait ou négligerait de faire un des actes de sa fonction, le Ministre d'Etat peut, après l'en avoir requis, y procéder d'office.

Art. 54. — Le maire et l'adjoint peuvent être suspendus pour deux mois par arrêté du Ministre d'Etat.

Ils peuvent être révoqués par arrêté du Ministre d'Etat, rendu après avis du Conseil d'Etat.

Le maire ou l'adjoint révoqué cessera de faire partie du Conseil communal et ne pourra y être réélu qu'après un délai de trois ans.

Art. 55. — Sont maintenues en tant qu'elles ne sont pas contraires à la présente Constitution, les dispositions des Ordonnances Souveraines antérieures, notamment de l'Ordonnance sur la Police Municipale du 11 juillet 1909, et de l'Ordonnance sur le Conseil communal du 7 mai 1910.

Art. 56. — A moins de disposition nouvelle, les conditions d'électorat et d'éligibilité, la formation des listes, les opérations électorales, tant pour les Conseils communaux que pour le Conseil national, demeurent réglées par les articles 6 à 75 de l'Ordonnance du 7 mai 1910.

Une Ordonnance du Prince déterminera les conditions dans lesquelles les femmes seront admises à prendre part à l'élection des Conseils communaux — sous réserve d'une extension ultérieure de leur capacité qui serait également réglée par Ordonnance.

Pareille réserve est faite relativement à

l'établissement de la représentation proportionnelle.

TITRE VII

La Justice

Art. 57. — Aucune modification n'est apportée à l'organisation judiciaire actuelle de
la Principauté, telle qu'elle résulte de l'Ordonnance du 18 mai 1909.

Art. 58. — Le Tribunal Suprême institué
par l'article 14 de la présente Constitution
est composé de cinq membres nommés par le
Prince, savoir : un membre présenté par le
Conseil d'Etat ; un par le Conseil national ;
deux par la Cour d'Appel ; un par le Tribunal Civil de première instance.

Ces présentations sont faites par chacun
des corps ci-dessus désignés, à raison de deux
pour un siège.

Disposition Générale

Les détails d'application seront réglés par
Ordonnances du Prince, rendues conformément aux principes de la présente loi constitutionnelle.

Disposition transitoire

La présente Constitution entrera en vigueur aussitôt après les élections du Conseil national et des Conseils communaux. Ces élections auront lieu au plus tard au mois d'avril 1911.

Jusqu'à la mise en vigueur de la Constitution, le Conseil communal continuera ses fonctions dans les conditions légales des ordonnances qui l'ont institué.

Donné à Paris, le 5 Janvier 1911.

ALBERT

PAR LE PRINCE :
Le Secrétare d'Etat,
FR. ROUSSEL.

En face de la Constitution

Accueillie avec reconnaissance par toute la population, cette charte dont le libéralisme ne pouvait être contesté, devait fatalement se heurter au parti pris des meneurs. Une organisation constitutionnelle, quelle qu'elle soit, établit les pouvoirs, détermine les attributions, devient en un mot la loi suprême d'un pays. Comment aurait-elle pu être loyalement acceptée par les écervelés qui, ne respectant aucune loi, ne cherchaient qu'à faire fortune, sans travailler bien entendu, et à la faveur du désarroi général.

A les entendre, cette charte était tout simplement un leurre, une ironie. On n'y voyait que ruse et cynisme. Le Prince avait donné « une Constitution à la prussienne » naturellement vouée à un

échec certain, et « peut-être demain son-
nera l'heure de la revanche. »

Les jurisconsultes, considérés jusqu'ici comme les lumières du droit international, et en lesquels les grands la-
mas du « Mouvement » affirmaient
eux-mêmes, peu de jours avant, avoir
pleine et entière confiance, faisaient
maintenant figure de pantins dont on
aurait simplement tiré les ficelles.

Oui, Constitution à la prussienne !...
Il s'agissait bien de l'évaluation de la
propriété bâtie et non bâtie, du domaine
princier, de l'estimation des biens mobi-
liers, et des obligations, et des actions
de sociétés. Pourtant à la rigueur, passe encore !... Mais tout en disant ne vouloir blesser les intérêts de personne, ni
porter atteinte aux droits imprescripti-
bles de chacun, cela dépassait tout de
même les bornes permises que de ne pas
ouvrir aux citoyens de Monaco les por-
tes d'accès au gouvernement.

Eh quoi ! les 353 naturalisés et les 95

Monégasques d'origine qui avaient pris part à l'élection du Conseil communal, n'offraient-ils pas, et par le nombre et par la valeur intellectuelle, une garantie suffisante, au double point de vue de la sage administration intérieure du pays et de l'habile direction des affaires extérieures.

Et elles étaient, en outre, vraiment renversantes les conclusions de ces juristes de malheur :

Impossibilité, même matérielle, d'établir dans un pays qui compte quelques centaines d'électeurs, tous les organes et le fonctionnement du parlementarisme classique ;

Impossibilité morale de mettre le sort d'une majorité d'habitants considérable à la merci d'une minorité ;

Impossibilité de mettre la population autochtone à la merci de la population étrangère ;

Impossibilité, au point de vue international, de diminuer les garanties qu'offrait la Principauté en 1861 et en présence desquelles fut conclu le traité du 2 février.

Mais, non, mais non, ces *impossibilités* n'existaient que dans l'imagination de ces juristes maudits, du moment que les Monégasques de souche et de greffe n'avaient comme but que la plus grande prospérité du pays, et, comme guides, que la liberté et la justice, la civilisation et le progrès.

1911

Le 23 Avril les électeurs monégasques furent convoqués à l'effet d'élire, conformément à la Constitution, vingt-et-un conseillers nationaux pour la Principauté, et neuf conseillers municipaux pour chacune des trois communes de Monaco-Ville, la Condamine et Monte-Carlo.

L'installation du Conseil National eut lieu le 8 Mai. Le Ministre d'État exposa la situation du Conseil au point de vue budgétaire. Son Excellence fit connaître que Son Altesse Sérénissime mettait à la disposition du Conseil le produit du 3 o/o sur les recettes brutes des jeux, à affecter à des travaux d'utilité publique, soit 1.155.179 francs pour l'exercice 1909-1910.

Au cours de cette séance inaugurale, un conseiller se leva tout de même pour demander au ministre si, sur cette somme, seraient prélevées les dépenses inhérentes aux travaux déjà commencés dans la Principauté. A cette question, que seul pouvait avoir l'audace de poser l'homme néfaste qui fut et qui reste l'auteur responsable de l'agitation monégasque, Son Excellence répondit que les travaux intéressant Fontvieille et le Port, malgré leur caractère d'utilité publique, seraient conduits jusqu'à leur terme avec les crédits personnels du Prince.

De son côté, le Président du Conseil National déclara que lui et ses collègues étaient profondément attachés au Prince et à la famille princière. Il espérait qu'à l'avenir tous les malentendus se dissiperaient grâce au bon vouloir et à la collaboration de tous. Il donnait enfin l'assurance que le Conseil ne perdrait jamais de vue les intérêts des étrangers.

*

* *

Sans doute le président du Conseil

National était animé des meilleures intentions. Malheureusement ses collègues, à l'égard desquels il devait faire preuve d'une trop grande condescendance en maintes circonstances, se chargèrent de donner sans retard le plus catégorique démenti aux déclarations solennellement faites en réponse au discours du Ministre d'Etat, le jour de l'installation du Conseil.

L'attachement au Prince... le respect dû aux intérêts des étrangers... allaient se manifester par le plus révoltant chantage politique et par la plus stupéfiante prétention d'exclure du banquet de la vie large et facile, tous les étrangers résidant à Monaco.

Certes, l'année 1911 ne verra pas les bruyantes manifestations de la rue. Mais une campagne sera menée sans relâche, sournoisement, avec une absence complète de scrupules, contre le Prince et le Gouvernement.

D'ailleurs avant même l'élection du

Conseil National, le porte-parole du **Parti**, dans une réunion publique tenue le 22 Janvier, ne s'était nullement gêné pour prononcer un discours dont l'allure générale se devine aisément par une simple citation :

« La Charte est inacceptable. Nous soumettre, c'est impossible ! Nous devons protester au nom de la dignité nationale. »

Tout le temps reviendra cette menaçante ritournelle. Dans la feuille qu'ils rédigeaient, les conseillers nationaux préviendront sans répit le Chef de l'Etat qu'ils ne reculeront devant aucun sacrifice pour arriver au but qu'ils *veulent* atteindre, et que la moindre étincelle suffira à rallumer le feu couvant encore sous la cendre.

*

* *

C'est ainsi que ces conseillers extraordinaires se préparaient à « dissiper tous les malentendus , grâce au bon vouloir et à la collaboration de tous. » Ah, certes, non, l'Idéal n'était pas près de fleurir dans la Principauté !

Après tout, ces **Elus du Peuple** que demandaient-ils au nom de la **Dignité Nationale** ?

Pas grand'chose ; des millions à remuer à la pelle. Quarante de ces modestes unités suffiraient pour réaliser d'abord la marotte du fameux **Trésor**, évidemment **National**, et pour exécuter ensuite des travaux à faire tomber en extase non seulement les 97 autochtones et tous les naturalisés, mais aussi les excursionnistes attirés en grand nombre afin d'admirer une œuvre géniale et autrement remarquable que les 7 merveilles dont s'enorgueillissait le monde ancien. Car il s'agissait de tailler dans le roc et de superposer les unes sur les autres de magnifiques avenues dans le kilomètre carré et demi qui constitue tout juste la superficie du sol monégasque. A la vue de ces splendeurs la pauvre reine Sémiramis, si elle n'était depuis longtemps trépassée, aurait certainement pâli de jalousie, malgré tous les beaux jardins suspendus de l'immense cité babylonienne.

Politiquement, les patriotes à faux nez du Conseil continuaient à marcher d'utopie en utopie. Ils réclamaient à présent la revision de la Constitution; comme la suppression des 3 communes deviendra leur leitmotiv pour l'année 1911.

Si on leur demandait de démontrer l'utilité de cette suppression, ils restaient muets comme carpes. Mais à force d'insister, le plus malin des agités qui passe aussi pour l'un des flambeaux de la « Collectivité », déclara un beau jour, en pleine séance du Conseil, qu'il n'y avait à Monaco qu'un seul abattoir, un seul cimetière. Conséquemment, une seule mairie était suffisante.

Quel que soit le ténébreux dessein que le Conseil nourrissait à cet égard, à

moins qu'il ne faille voir, dans cette demande de suppression des trois communes, que l'un de ces nombreux et quel-
conques éléments d'obstruction systématique, il est définitivement établi
que d'un bout à l'autre de la comédie
ayant pour titre « Le Mouvement monégasque », le comique alternera cons-
tamment avec le ridicule.

Pour prouver péremptoirement que
« les intérêts des étrangers ne seraient
jamais perdus de vue », et afin de clôtu-
rer une année si dignement commencée,
un projet de loi fut déposé par deux
membres du Conseil National.

L'article 1er était conçu en ces termes:

« Dans tous les emplois, fonctions,
charges publiques de l'Etat, des Communes et des Sociétés ou des particuliers d'un service public, ou détenteurs
d'un monopole, la préférence sera accordée à ceux qui rempliront les conditions

exigées, dans l'ordre ci-après :

« A. Les citoyens monégasques.

« B. Les étrangers nés dans la Principauté et y résidant.

« C. Les étrangers qui ont épousé une monégasque et qui résident dans la Principauté.

« D. Les autres étrangers domiciliés dans la Principauté depuis dix ans.

De ce projet, prohibitif et antisocial au premier chef,pour ne point le qualifier autrement, il saute une fois de plus aux yeux que les meneurs poursuivront, par toutes sortes de moyens détournés, leur idée fixe. Cette idée, une fois de plus aussi, se résume en deux mots : Occuper toutes les fonctions gouvernementales et communales, pour devenir les seuls maîtres des sociétés à monopoles; pour présider, en d'autres termes, aux destinées de la Société des Bains de Mer, « cette usine — d'après un article paru dans leur feuille officielle en un moment d'exaspération et dans un élan du cœur — qui moud la bonne farine ».

Comme les Auguste et les Footit de cirque, ces désopilants conseillers très nationaux tiendront à amuser la galerie jusqu'à la fin du spectacle. Peu de temps après le dépôt de l'invraisemblable projet de loi, ils démissionneront presque « collectivement » et non sans fracas.

Pourquoi cette décision et tout ce bruit ?

Tout simplement parce que le récent accord d'union douanière entre la France et la Principauté, qui cependant sauvegarde d'une manière équitable les deux parties, venait d'être conclu sans consulter le Conseil National. En vérité, on avait omis de recourir, en la matière, aux connaissances, à cette finesse, à ce doigté, à ce tact diplomatique que chacun des membres de cette Assemblée estime posséder au plus haut degré.

Ces inconscients fauteurs de discordes et de troubles ; ces auteurs des plus burlesques *combinazioni* fatalement

vouées aux plus piteux échecs, devaient-
ils, vraiment, se fâcher tout rouge lorsqu'à leur **Conseil National** fut décerné
le titre, certainement moins pompeux
mais plus véridique, de **Guignol National ?**

De 1912 à 1914

Tant de louches manœuvres ne pouvaient, tôt ou tard, manquer de tirer de leur torpeur les esprits très résolus jusqu'ici à ne rien vouloir entendre et à laisser faire. De légitimes suspicions s'éveillaient enfin.

Vers la fin de 1911, environ cinq cents employés français de la Société des Bains de Mer, se sentant bel et bien menacés dans leurs intérêts, par la bande des comploteurs, décidèrent de se grouper en association amicale.

Leur nombre ne tarda pas à doubler. Ils se trouvèrent mille à se réunir, au commencement de janvier 1912, en un grand banquet à Beausoleil, auquel furent conviés les ouvriers de la première heure, c'est-à-dire cette petite phalange d'hommes intelligents qui par leur perspicacité, leur labeur et avec l'aide de leurs capitaux avaient si puissamment contribué à faire de la Principauté ce qu'elle est aujourd'hui.

Il s'agissait « de créer et d'entretenir d'une manière efficace entre les membres de l'Amicale » — ainsi fut dénommée l'association — des relations de bonne camaraderie, de franche amitié, d'affectueuse sympathie ; mais aussi pour se prêter, *dans les circonstances difficiles,* le mutuel appui nécessaire à la défense des intérêts communs .»

Ainsi les tranche-montagne , qui de Monaco à Monte-Carlo, en passant par la Condamine, essayaient de mettre le pays à l'envers, étaient indirectement mais dûment prévenus, sans ostentation comme sans forfanterie, qu'ils sauraient dorénavant à qui parler s'ils persistaient à vouloir porter atteinte au droit des gens, tel qu'il se conçoit dans tout pays civilisé.

*
* *

La Colonie française n'envisageait

pas non plus la situation sans inquiétude. Si bien que l'Union des commerçants et des propriétaires français pensa qu'il était temps de s'adresser directement au Gouvernement Princier.

Dans une lettre à S. Exc. le Ministre d'Etat, le Conseil d'Administration de l'Union disait, en substance, que les membres de cette société n'entendaient pas, eux qui furent les principaux artisans de la fortune inespérée, de la prospérité inouïe dont bénéficie si largement toute la population, subir, maintenant, le joug des meneurs monégasques. C'est en raison de droits acquis, droits bien naturels, légitimement reconnus aux étrangers dans tous les pays, qu'ils se trouvaient dans l'obligation de protester.

Grâce à leurs capacités et à leurs capitaux, les Français avaient transformé Monaco au point d'en faire un petit pays luxueux et universellement réputé.C'est pourquoi l'Union faisait toutes réserves pour l'avenir « se promettant d'intervenir si, dans la suite, les intérêts économiques des Français se trouvaient compromis par la marche irrégulière des affaires dans la Principauté ».

*

* *

Ce réveil de tous les Français, propriétaires, commerçants, industriels, employés, devait fatalement se produire.

Le journal *Le Monégasque*, qui s'était levé contre les perturbateurs, en combattant sans relâche leurs scandaleux projets et leurs cyniques exploits, avait prévu ce qui ne pouvait manquer d'arriver. Dès le 6 Mai 1911, il publiait :

« ... *Faudra-t-il s'étonner si des groupements se forment un jour, parmi les colonies étrangères, pour la défense d'intérêts gravement menacés par les machinations d'une bande d'énergumènes.*

« ... *Sans qu'ils s'en doutent peut-être, c'est vers ce but que nous acheminent fatalement les « nationalistes » bercés par la chimère qu'ils sont nés pour jouir sans travailler, ou qu'ils n'avaient qu'à se muer en Monégasques pour vivre au crochet de ceux qui ont apporté leur intelligence, leur labeur et leur fortune à faire de la Principauté le coin le plus heureux de la terre. A tout prendre si cela se produit nous en serons ravis. Nous avons une confiance absolue en la fécondante participation des étrangers à nos affaires, tandis que nous ne pouvons en accorder aucune aux félons qui ne se soucient nullement d'accumuler au besoin ruines sur ruines, pourvu qu'ils puissent satisfaire leurs convoitises. »* .

* *

Dire que les protestations de toute la Colonie française firent . l'effet d'une douche d'eau froide sur les cerveaux des chefs de file et de leurs acolytes serait peut-être exagéré. On ne calme pas facilement les forcenés de pareil acabit.

Néanmoins, s'ils continuèrent à bluf-
fer avec un front d'airain, s'ils persis-
tèrent à se prendre pour les oies appe-
lées à sauver le Capitole monégasque,les
temps qui suivirent furent tout de même
moins agités. Souvent la peur du gen-
darme est le commencement de la sagesse.

Conclusion

La solution finale de l'agitation monégasque s'offre à l'esprit d'une façon naturelle.

Il n'est rien de plus répugnant que de voir des hommes s'agiter uniquement pour la satisfaction de leurs appétits. Telles furent toutes les visées politiques des évolutionnistes-affairistes de Monaco, qu'il eût été facile de remettre en un clin d'œil sur le droit chemin. Mais les mesures de violence répugnèrent, en toutes circonstances, à Son Altesse Sérénissime le Prince Albert.

Pourtant la raison d'Etat n'aurait jamais pu être plus légitimement invoquée à l'encontre des renégats surtout, qui se sont cauteleusement naturalisés à la façon du loup s'introduisant dans la bergerie.

Il est vrai que le Prince a, dans sa

prévoyance, décrété, dès le début des hostilités en cours, que la Constitution resterait sans effet pour le moment. Les personnes de sens rassis espèrent, non sans raison, qu'il en sera de même dans l'avenir. Ainsi reviendront les temps fortunés où le Monégasque aussi bien que l'étranger, à l'abri des discordes et des troubles, vivaient en toute quiétude.

Au demeurant, la guerre actuelle aura en quelque sorte servi d'épilogue à la tourmente qui a sévi sur la Principauté. Les Monégasques doivent se faire à l'idée que, moins que jamais, quand la paix sera rétablie, ils ne parviendront à se débarrasser de la tutelle de la France. C'est d'ailleurs la sauvegarde qui leur permettra de vivre libres et indépendants.

FIN

TABLE DES MATIÈRES

Préface 7

Avant-propos 10

Vingt-ans avant 12

L'Indépendance de Monace 17

La Réalité 59

Une Hypothèse 63

Les Naturalisations 77

De 1909 à 1910 83

Xénophobes sans le vouloir 140

Rapport sur l'organisation Constitutionnelle 144

Loi Constitutionnelle portant organisation de la Principauté de Monaco ... 190

En face de la Constitution 209

1911 213

De 1912 à 1914 223

Conclusion 229